U0007446

擁抱自己，療癒外遇傷痛——

離開婚姻前後的情緒療癒、親子教養、回歸平靜

胡可歆——著

擁抱自己，療癒外遇傷痛──
離開婚姻前後的情緒療癒、親子教養、回歸平靜

作　　者：胡可歆
總 編 輯：陳郁馨
主　　編：李欣蓉
校　　對：蔡竺均
封面設計：李東記
行銷企劃：童敏瑋
社　　長：郭重興
發行人兼出版總監：曾大福
出　　版：木馬文化事業股份有限公司
發　　行：遠足文化事業股份有限公司
地　　址：231 新北市新店區民權路 108-2 號 8 樓
電　　話：(02)22181417
傳　　真：(02)22188057
Email　：service@bookrep.com.tw
郵撥帳號：19588272 木馬文化事業股份有限公司
客服專線：0800221029
法律顧問：華洋國際專利商標事務所　蘇文生律師
印　　刷：成陽印刷股份有限公司
初　　版：2013 年 10 月
定　　價：260 元

擁抱自己，療癒外遇傷痛：離開婚姻後的情緒療癒、親子教養、回歸平靜 / 胡可歆作 . -- 初版 .
新北市：木馬文化出版：遠足文化發行，2013.10
面；　公分
ISBN 978-986-5829-56-8(平裝)

1. 離婚 2. 情緒管理 3. 親子關係

544.361　　102018208

木馬臉書粉絲團：http://www.facebook.com/ecusbook
木馬部落格：http://blog.roodo.com/ecus2005

「無論我會成為什麼樣子，都遠比我現在可以想像的還要好。」
——喬・維泰利

推薦序──靈魂深處的覺醒

猶記初識可歆是在二〇一〇年的八月，我們一起擔任第四屆亞洲健康心理學國際研討會司儀的工作，從咖啡館裡認真的討論與準備，到五天會議中美麗優雅的表現，我看到她的溫柔細膩與勇敢承當。空檔中，兩人坐在後台階梯上悄聲聊起生命的轉變與書寫的意念，看到她眼中閃耀的光芒，心中默默為她祝福，也欣然接受為本書寫序的邀請。

好巧，三年後，正當我在韓國大田參加第五屆亞洲健康心理學國際學術研討會之際，得知這本我一直在期待的書即將誕生。

本書一開始就從語言對人的思考、價值觀的影響力下筆，剖析語言的使用如何框架了我們思考的格局，可歆用深入淺出的語言，把認知行為治療的概念融於其中，幫助我們看到思考的力量如何影響我們的情緒與行為，帶領著我們打破既有的框架與迷思，得以用更寬廣的視野來省思所謂的離婚、失婚和單親等議題。接著她更進一步將心理學知識、實證研究、身心靈哲思、文學藝術美感、自身經驗等巧妙地結合，一步步引導我們探索、剖析、看見自己與處境的原貌，進而連結自身的資源與能量，採取適當的行動，回應生命的挑戰。

很感謝可歆把她生命歷程的轉化、靈魂深處的覺醒，以理性、感性、靈性交織的文字與我們分享，這本書所呈現的不只是一位從婚姻回歸獨身者的生命故事，更勾繪出如何在生命幽微處，張開雙手、擁抱自己、歡迎回家，更能優雅轉身，開啟另一扇窗，迎向更廣闊的藍天。

這是我一直在等待的一本書，我也一直在等待為可歆寫序的機會，如今我的心願達成了，滿心歡喜邀請你與我一起見證她的英雄之旅，深深祝福你，可歆！

臺北市立大學心理與諮商學系教授兼教育學院院長　趙家琛博士

contents

contents

前言　寫在前頭

「無論我會成為什麼樣子，都遠比我現在可以想像的還要好。」

喬・維泰利

喬．維泰利（Joe Vitale），世界著名的靈性行銷導師，在他的暢銷著作《零極限》（Zero Limits）裡，曾經提到他自己的覺知與開悟歷程。這樣的覺醒有三個階段，他認為幾乎就是生命靈性之旅的地圖。

第一個階段，是所謂的「受害者階段」。他是這樣形容的：

「幾乎是所有人生來就有無力感，大多數人會一直維持這樣的狀態。我們認為這世界就是要剝削、壓迫我們：政府、鄰居、社會，還有各式各樣的壞人。我們覺得自己是整個社會種下的因所結成的果，沒有任何影響力。我們抱怨、控訴、抗議，還聚集成團體，與掌權的人抗爭。除了偶爾和朋友聚一聚，生活基本上是糟透了。」（節錄自『零極限』）

前來尋求心理治療的個案，有極大部分是處於這個位置。認為自己為某些事件的受害者，他人的行止或話語造成自己的不幸與苦難，而自己除了強烈的情緒及反應以外無力扭轉與控制，許多人因而承受著極大的憂鬱、怨恨、及痛苦。

第二個階段，個體開始拿回了掌控權。他開始意識到，無論在怎樣的事件與對待當中，自己永遠能夠選擇。粗淺地說，在一段不斷受傷的關係裡，你可以選擇「留下」或「離去」。許多人忽略自己其實能夠選擇「結束」一段已不再充滿愛及自由交流的關係，更沒有看到，好比自己其實是在「獨立承擔經濟」與「迴避此議題」之間做了選擇，於是留下；抑或是在「學習獨處」與「迴避孤單」之間做了選擇，於是留下；也可能是在「依靠自己建立價值」與「倚賴他人給予價值及認同」之間做了選擇，於是留下。看似無可奈何的「留下」以及無助和痛苦的不斷衍生，其實是自身選擇的結果。每個狀態其實都充滿了自己的選擇。

而這也是目前許多心理治療在做的事。協助個案看到，潛藏在每個狀態之中的選擇性，同時意識到自己可以不隨著外在事件而起舞，透過意念與認知的調整，以及其他重要方式，學會控制自己的情緒。重新拿回對生命與生活的掌控。

「……你開始發現自己的力量。你領悟到設定意念的力量，也領悟到你擁有觀想你想要的東西、採取行動，然後獲得這樣東西的力量。你開始有一些神奇的經歷，開始體驗到一些令人開心的成果。基本上，生活開始變得還不錯。」

第三個階段，你開始覺醒。

「在第二階段之後，某一天，你開始領悟到意念是一種限制。你開始了解，即使用上你新發現的所有能力，依然無法控制一切。你開始領悟到，當你臣服於某種更大的力量時，奇蹟就會發生，於是你開始放下、開始信任。你開始練習在每個當下覺察你與神性的連結。你開始學會認出朝你而來的靈感，然後採取行動。你領悟到你能選擇你的生命（註），而不是控制你的生命。你領悟到你所能做的最棒的事，就是接受每個當下。在這個階段會發生許多奇蹟，而且他們會不斷令你感到驚嘆。基本上，你時時刻刻生活在一種驚喜、讚嘆、和感恩的狀態中。」

還有比這更棒的禮物嗎？整個「創傷」的歷程，要走到「寬恕」，我個人會覺得經常與靈性及高我（或說神性自我）的覺醒有很大的關連。那是一種更廣述浩瀚且深刻的寧靜，「回家」的旅程。從二元對立的世界觀，到萬物是一體的、來自同一個源頭的體悟及領受。

創傷的療癒，就像一場英雄之旅。而每個人都有自己獨一無二的旅程，無法比較也無須比較。

而我的這本書，就從這裡開始。

（註）在修藍博士的荷歐波諾波諾裡，人只有一種選擇，選擇清理這件事或不清理。亦即，人的自由意志僅能選擇「自由的不要」。而我個人覺得，零極限的狀態，與佛教哲學的「空性」有很大的相似性。是萬物潛能開展的地方；我愛你即是慈悲；而荷歐波諾波諾重複念誦的「我愛你」，即是幫助人們調整到那個狀態的頻率。我淺薄地認為，許多宗教與靈性教導，包含佛學、基督教、夏威夷的荷歐波諾波諾療法、與近幾年廣為流行的《祕密》、吸引力法則，及宇宙法則等等，其實在描述的，都是極為類似的概念與力量。

第1章
完整家庭的迷思

「梵文『健康』的意思是，『成為自己』，歸於中心。英文的健康（Health）這個字也很美，它跟『神聖的』（Holy）和『完整的』（Whole）這兩個字來自同樣的字根。當你是完整的，你就是健康的；當你是完整的，你也是神聖的。」

～奧修．瑜珈之書

1-1 你所使用的語言與潛藏著的「限制性信念」

語彙是思考展現的平台。每一天，你所使用的文字與語言，對你生命的影響其實是超乎你想像的深遠。

我經常會看到，日常使用的言語，以及這些言語背後所透露出來的意識形態與信念，常常是決定當事人是否能夠因應這場婚姻風暴，甚至走出某種格局與超越的重要關鍵。

這個世代，越來越多人理解到「語言」的力量。富勒博士更明白指出，「詞彙，是人類所發明的最強而有力的工具之一。」特別是你獨自一人時自言自語的用語及內涵，抑或你與三兩好友閒談中最不經意的那些話語。你需要給自己一定的時間，仔細去思考與檢視這些用語。

這些語彙背後，透露的是你深藏的價值觀，一些未經檢視的、人云亦云的、自小耳濡目染的，甚至可能是你自己都全然未覺察的信念。而這些未經檢核與驗證的信念，始終在影響著你的感受、你的心情、你對自己與他人的觀感、你的生活與整個生命。

1-2 社會建構的信念：「離婚」與「單親」都需要重新命名

簡單舉個例子。你會很訝異地發現，這麼平凡尋常的話語裡，隱藏了多麼厚重的意識型態與主流思維。

就以「婚姻」狀態來說。結「婚」與離「婚」，暗示著這是個傾向於以「婚姻」為主體的思考。何以兩個人從獨身，到決定在一起，再到決議恢復獨身，要叫做「離婚」呢？而不叫做「回歸獨身」或「脫離依賴」？

「單」身的「單」，其實也暗暗指涉某種不圓滿。文化中，崇尚「成雙成對」，「單」是相對於「雙」而延伸的概念。

因而一直以來，我都很不喜歡，對結束一段婚姻狀況的常用稱呼。

「離婚」、「失婚」或有子女的則是「單親」（單親家庭、單親媽媽、單親爸爸）。無論是「離」、「失」或「單」，其實都透露了，**你將這樣的狀態，預設為「不圓滿」，甚至是「不可能圓滿」**。似乎背後即隱射著，成「雙」成對才是對的，落了「單」就是有了缺陷，就是缺憾，就是不幸。

「離」婚（離開了婚姻）與「失」婚（失去了婚姻）的用語，預設了「婚姻」是主體，更且這樣的預設是無需被討論的前提，而這也是主流意識型態裡最可怕的地方。你一旦「離開」了婚姻，「失去」了婚姻，也就不再是主體、非「正常」、從此成了邊緣／異端、以及不被渴欲／讚揚／甚且缺乏認同的少數。只有在「婚姻」狀態裡，才是正常。每一個社會個體都得要回到「婚姻」這個源頭，只要「離開了」這個源頭，便以「離」「失」視之。

事實上，「一個人」才是根本，是必須得要回歸的中心；關係則是不斷流變的，每一段關係都有其盡頭。關係當然重要，然而所有的關係最終都要回到自己與自己的關係裡頭。身而為人，從出生到死亡，都有具備明確界線的的身體與獨特的人格去感受、去經驗、去做出決定與執行。個體即本源。即便在較外圍的社會組織層次裡，趨勢大師約翰．奈思比也這麼表示：「社會的基本單位，是個體，而非家庭」。

一個人即是圓滿。一是複數，更是整體。一是宇宙的源頭，是「空」性，是「零極限」的所在。婚姻其實是外在、社會建構的事物；較中性的說法，或許是「結束」了婚姻，恢復一個人的樣態。

1-3 未經檢視的常見「迷思」

許多人在遭逢外遇與結束婚姻的過程中受苦，一部分是與普遍存在的迷思，以及自我設限的信念有關。我們稱作「限制性信念」（self-limiting beliefs）。首先檢視，外遇與結束婚姻當中常見的五個迷思。

迷思一：「離婚了，便無法再給孩子一個完整的家了」。

人們經常沒有想太多地，便認定單親家庭，是「破碎的」家庭。而當事人，即便有些婚姻關係已結束多年，仍舊為此深感歉疚、耿耿於懷，在會談室裡聲淚俱下地告訴我，她是多麼多麼地抱歉，再也無法給孩子一個完整的家了。更甚者，她自己好像就是殘破不全的、不再完整。

親愛的，不要落入那種社會建構的「完整」迷思裡。即便是單身的父親或母親，也絕對能夠為自己與孩子打造一個整全且健康的家。

「形式重於內容」的觀念及行為傾向——影印機的有趣研究

哈佛大學心理系教授艾倫．蘭格（Ellen J. Langer），曾做過一個非常簡單卻饒富意義的研究。顯示了人們在與世界及他人互動時，有多麼的不用心，只要所聽聞的資訊符合既有的信念或根深蒂固的行為模式，即便是荒謬的資訊，人們也不大會質疑。

這個實驗的設計是，蘭格教授與學生們，去詢問排在影印機後面等著使用的人群，自己是否可以插隊使用。實驗者採取三種不同的問句型態：「可不可以讓我用一下影印機？」、「我想影印，可不可以讓我用一下影印機？」，以及「我在趕時間，可不可以讓我用一下影印機？」。第一種問句形態並未說明想先行使用影印機的原因，僅是提出要求；後面兩種問句，則分別提供了不同的理由。如同研究者所預期的，提供了理由的兩種問句，相較於未說明原因的第一種，皆獲得了較多的同意次數。然而有趣的是，這兩個提供理由的問句，所獲得的同意次數竟然相差不多，實際上，這兩個理由有合理與不合理的分別，「我想影印」本身並不是一個插隊的好理由，「我在趕時間」相較之下比較合理，然而後者卻未能讓更多人同意研究者的插隊。

研究者的結論是，人會在不知不覺中同意「我想影印」這個要求，是因為**它要求插隊的語言結構是正確的，即便內容並不合理**。換句話說，只要提供理由，無論這個理由有多麼荒謬，只要它安插在看似合理的「形式」或「結構」當中，人們便不大會質疑。形式是正確的，人們很自然地推測，所以內容也應該是正確的。

這個研究部分說明了，當前社會有關「完整家庭」迷思的產生。

（1）解構與重構「完整」：單親家庭／失功能家庭

我們所謂「完整的家」，通常是一種最外圍的形式。孩子有爸爸，有媽媽，且爸爸媽媽仍在婚姻狀態裡。**許多人根本從未曾深思地就認定，當家庭的結構看似是健全時，它的實質內涵也會是健全的。反之，當家庭結構看似是破碎時，它的內涵必定也是不充分的。**

實際上，這完全是兩回事。

健全或完整的家庭，至少可以粗分為兩個層面。一種是「**結構上的整全**」，另外一種，則是影響更為深遠的，「**功能上的整全**」。

「結構上的整全」，基本上不同的時代與社會型態可能有不同的界定。當前主流意識形態認為，結構完整意指「（異性戀的）男人、女人、與孩子們共同組成一個家庭，同時男與女的婚姻關係在法律上仍存續，無論其實際品質為何」。

「功能上的整全」，簡單地說則是指「具備家庭的功能，提供給家人之間，特別是對於孩子，充分的滋養與照顧」。亦即這個「家」提供了安全感、庇護與放鬆、關懷、支持、信賴、愛與滋養等重要功能，具體來說至少包含了經濟的穩定、情緒的平和愉悅、真誠信賴、以及能夠以「最有助於孩子身心靈健康發展」的方式來養育孩子。

結構的完整，並不等同於功能的完整。一個爸媽具有婚姻關係的家庭，並不表示這個家庭能夠充分且恰當地發揮它的功能。事實上，在許多現存的婚姻裡，反而是這種「對表面整全的執著」，背後的心理動力與某部分信念的扭曲，帶來了更多埋藏在未來的深遠問題。

而功能的完整，也並非一定得要有結構的整全（遑論這個結構的整全是被限縮在異性戀關係，以及以愛情和性為結合依據的關係型態裡頭）。就像一個四肢健全的人，未必擁有健康的心理與成熟的人格，抑或充分發展的靈性一樣。而一個肢體有障礙的人，卻未必沒有健全的人格、心態、與厚實的信仰。四肢完不完整，與心理健不健全，是沒有太大的對應關係。二〇一〇年出版《人生不設限：我那好得不像話的生命體驗》的力克·胡哲，絕對是最好的例子之一，他的故事與演說，持續地感動與激勵了許多人。

這種家庭「結構」與「功能」不再同步，部分也受益於社會的轉變。傳統婚姻中許多重要卻僅能在婚姻裡被滿足的功能，已逐漸能夠被婚姻以外的其他方式所取代。好比婚姻的經濟功能，在女性能夠進入職場取得薪資的同時，便開始有了鬆動。當前知識經濟時代獨力扶養孩子的家庭，確實比過往具備更多的優勢與機會。現代家庭的形式也逐漸趨向多元，「家」的定義不斷地被挑戰、顛覆與拓展。

就以單親教養，孩子在成長的過程中，缺乏與另一性父母的互動機會與學習典範而言，如何在孩子成長的某些特定階段，主動去尋覓與為孩子建立良好健康的「男性典範」或「女性典範」，以及家長本身若能採取「雙性教養」的作法，都能有相當好（甚至更好）的效果。

唯不可否認的，這些概念與作法得以轉換，確實受益於社會型態的轉變與多元性的擴展。

因而，**關鍵比較不會是在「破碎家庭」，而是在於「破碎個體」**，亦即不是家庭破碎導致孩子的身心發展受阻，而是「主要照顧者個人整不整全」的議題。

如何才能建立一個「整全的家」？得先由成為一個「整全的人」做起。不是往外尋求，再找一個異性或同性伴侶，亦或再尋覓一個替代或接替的「父親」或「母親」人選，實際上，那會衍生出更錯綜複雜的關係上的挑戰，往往需要個體更高的成熟度、真正的療癒與內在的智慧才能妥切處理。**要成為一個「整全的人」，必須要往內走**，經驗所有被你排拒或深切恐懼著的黑暗，那些痛苦、怨恨、困惑、恐懼、與很深的哀傷，挑戰並超越你既促成這段關係的開啟多半也導致其結束的那些議題。你先得走向療癒，繼而走向圓滿自己。我們每一個人，都是一個微型而具的小宇宙，一個人就能夠完整；而且為了照顧好孩子與協助孩子療癒，你也必須走向整全。

總而言之，「單親家庭」並不等同於「失功能家庭」；「雙親家庭」，也並不等同於「功能健全的家庭」。在這其中，主要照顧者**「個體本身完整健全的程度」，以及「對發展教養的認識與對孩子付出的意願及用心」**，才是最根本且最關鍵的因素。

（2）單親家庭既然會走上單親，自有其重要的理由

以下是一個很值得思索的問題：「這些家庭，若不離婚而選擇繼續留在婚姻裡，是否真的會比現況要好？」

自然，某些婚姻的結束，是雙方的不成熟或不願負責所使然。然而，**已結束的婚姻裡，仍有一定比例是深思熟慮過後的選擇，是植基於「愛」，以及「願意負責」**，包含承認與面對最初選擇的錯誤，並承擔起曾做過這個選擇所有相關的後果，舉如對孩子的悉心照料與調適的協助。抑或已盡了全力去經營這段婚姻，最終卻只是單方的努力與單方對承諾的遵循，那麼，接受這段關係已走到盡頭，會比持續地抗拒更為合宜且健康。選擇結束也可能是，承諾並致力於給予孩子更健全的環境，同時創造「長遠看來對彼此更有助益」的多贏局面，儘管需得承受相當時期的陣痛與療癒工作。

許多有關「後離婚家庭」與離婚之子的追蹤／比較研究裡，都有所謂「研究者偏誤」（researcher's bias）的問題，亦即帶著某些未被研究者覺察的預設立場與價值判準收集和解讀研究資料。好比未經討論便預設，「婚姻存續」是正常家庭，「婚姻結束」則是問題家庭，並致力於去尋找「後者表現不如前者」的指標，後者某些表現若較佳則會被質疑地看待或得

額外去解釋。抑或根本是以前者的狀態為「標準值」，去檢視後者哪裡未能與其相同，未能「複製」一個前者。另外，這些研究多半也會預設關係「持續」要比「分開」為佳，因而「持續」本身有時就被當作一則「好的」判準，而非中性看待「持續」與「結束」這兩種狀態。因而在閱讀這些研究資料時，仍須留意有關先驗假設與價值判準的設定。然而不可否認的是，許多研究的努力與觀察仍是極有價值的，可供運用，特別當研究者與政策制定者致力於「以孩子的福祉為優先考量」時，其重要性是無庸置疑的。

某些家庭選擇單親，是為了更好的關係與更高品質的生命。對婚姻與伴侶的執著不願放手，未必會比適時放下更為健康。現行的婚姻制度，也是一種把「愛情」、「經濟供給」、「性關係」與「性忠誠」、「生育」與「養育孩子」等諸多事物捆綁在一起的制度，某些時候一定程度的鬆綁反倒更可能創造出「空間」與「多贏」的局面。

結束關係，可能是一種對自己人生與孩子更能負責的態度與做法。

迷思二：「我到底缺了什麼？」

這是個非常常見的迷思：「伴侶外遇，是因為我沒有滿足他／她」。我不夠好，我有些地方疏忽或做錯了，我這個人缺少了什麼。

這些想法背後隱藏了某些假設。首先，可能假定了「婚姻／親密關係必須能夠滿足個人所有的需求」。其次，外遇者會往外尋求，是由於某些「理應在婚姻中獲得滿足」的需求，未能獲得滿足所致，於是只得往外尋求。第三，外遇者的這分需要，是「伴侶」必須去滿足的。

期待「婚姻／親密關係能夠滿足個體的所有需求」，原就是不切實際的。持有這樣認定的人，會替自身與伴侶創造許多額外的痛苦，也像是你為這段婚姻挖掘的墳墓。一方面，人類有太多不同層面的需要與需求，怎可能單靠一段關係或一個不是自己的對象而被滿足，即便是生身父母，都無法這樣完美。另一方面，人的需求會隨著時間、生命進程的不同而發生變化，某些舊的需求消褪或變得不再重要、某些固有的需要卻在特定時刻變得迫切且強大，而另一些新的需求則在新的時刻相應而生。如何被另外一個個體即時辨識、覺察，繼而又總能具備滿足對方的能力？

學習滿足自身的需求，是每一個個體自己的責任。特別是那些無法透過「此段婚姻」被滿足的部分；而每一段關係能夠滿足的層面也大相逕庭。美國一位婚姻與家庭治療師大衛・理秋（David Richo）便認為，「一段健康的親密關係基本上僅是滿足個人 1／4 的需求」。（在本書第五章關係的三種意識層次裡，你更會看到，在高意識的關係裡，個人的重要需求基本上都是能夠「以健康的方式」，被「自己」所滿足的）

那麼，「外遇」算是一種合宜的自我滿足嗎？倒也不盡然。一個關鍵是，**婚姻未能滿足的需求，個人要學習透過「不傷害到他人」的方式去完成；這個「他人」，特別指的是全然無辜的孩子、配偶，有時也囊括第三者，甚至外遇者自身。**許多情況下，「在婚姻之外另外發展一段戀情或性關係」，其實是深刻傷害到自己過往許下的承諾、是對自己認定的關係的背棄、是背離與背叛了自己。

請記得，**滿足某個需求的方式，永遠不會只有一種。**既然你已先行選擇了這段婚姻與這個人，那麼合宜的作法就會有些不同了。**學習以健康、不傷害到他人的方式滿足自己，是每一個個體的責任。**

外遇也不一定和「婚姻品質的好壞」有因果上的關聯，「一定是夫妻感情出了問題，才會發生外遇」？曾有一些研究指出，一定比例的外遇男性和女性在研究中坦言（趨近50％男性和30％的女性），他們發生外遇時婚姻狀況其實是相當美滿的。換句話說，**在某些時候，外遇行為與「個體」的關連性，可能會比和「婚姻滿意度」的關聯還要更高。**

迷思三：「外遇是人類的天性。」

劈腿是天性？若我將「天性」（nature）粗略地界定為「不需額外學習，是物種與生俱來的」，那麼，「赤身裸體，不穿衣服」其實也是人類的天性。二十萬年前（註1）在更新世的大草原上跑來跑去的，不都是全裸的人科人屬？包括你我所屬的智人種。然而此刻正在閱讀本書的讀者們，即便舒適地躺在自家床上，有幾位是全然沒有穿上衣物的？

無論男女，遇見性刺激，性器官充血勃起，那確實是自然的生理反應，你可以說是「本能」或「天性」。然而如何紓解這個慾望、是否要進行到與對方「性器官交合」、甚至「情感發展」，基本上在這個歷程裡會有很多的「選擇」（註2）。

在絕大多數的狀況下，「外遇行為」是個人選擇的結果。

人類「天性」的兩種形式

再更進一步來說，演化心理學者認為，人類的「天性」有兩種形式。第一種是普遍可見且人們習以為常的，好比做了某些事情會產生罪惡感、渴望被社會及他人認可等，這是跨文化／人種可見的現象，這些共同點被稱作「人類天性的旋鈕」。第二種天性，其唯一的作用是在個體成長過程中造成差異，同時它本身會自然而然地退居幕後，不易被覺察，被稱為「調節旋鈕的機制」，更直白地說，其實就是「學習與調整的能力」。舉例來說，人類雖有產生罪惡感的天性，但第二種天性使得罪惡感的產生有了校正調整的空間，而人類成長的早期環境、後天教養、心理治療等能夠發揮效用，多少都與這個第二天性有關。並且無疑是過往「天擇」作用的結果，使得這些「旋鈕」（若表現出來就叫「特質」（trait）了）有了調整的空間。

台大心理系的徐嘉宏教授曾對此做了簡潔有力的註解：「動物所作的各色各樣的行為，都是為了複製與自己相同的基因而努力。這是演化的結果，而且會依相同的原則繼續演化下去……**本能行為是依照基因的指令發展出來的；學習能力也是依照基因的指令，留出一些可以調整的空間。**」

就這樣的角度來看，「學習與調整的能力」何嘗不也是一種「天性」？在關係裡，仍會受到各式各樣的對象吸引，產生交合的慾望，確實是天性；而為了最好地養育子代、使得子代們能夠健康成長到再把基因傳承下去，因而調整某些行為，其確然也是天性。

一言以蔽之，**學習為了子代和配對關係的最佳利益而保持忠誠，此種學習能力同樣也是天性**。

迷思四：「我太愛他，而無法離開他。」

你說你愛他，無法離開他。

其實，無法離開這個人，那就已經不是「愛」了。一方面是，你把「情感依附」與「愛」

混為一談。二方面是，這做為你沒有生活重心與生命目標的託辭。為了迴避你存在的空洞與生命的空虛，你對獨自生活的恐懼與無依，你緊緊依附著這個人不放。以愛為名。

「他是我的一切」、「我不能，也不要失去他」、「愛他愛到沒有自己」，以上這些本質上是「執著」與「利己」，從來都不是愛。透過另外一個人，填補空虛、汲取滿足與關懷、成就自己，避開了個體學習自我滿足同時創造自身存在意義的責任。

即便是我到後來才意識到，當初會選擇前伴侶這個男人，有一部分是因為那段時期，我很想要閃避自己的生命意義與生存責任。與身為男人或女人無關，而是作為一個社會個體，為這個世界或全體人類，創造一丁點什麼價值、解決一些什麼問題的那種責任。當時我心裡的聲音是：

「既然我不知道我活著要什麼、有什麼目標，那麼，就跟這個男人結婚吧。至少他有一個清晰的、關於家的目標與圖像。既然我不知道自己能做什麼，要的又是什麼，那麼，也就協助這個男人完成吧。

並且，好輕鬆。我只要扮演一個好妻子、好媳婦、好母親的角色就好。我不必做好自己。

……做我自己，實現我自己，似乎意味著我得要將自己放在任人檢視，與被許多企業機構檢驗是否卓越傑出的處境。那表示，我得有非常艱苦的提升自己的歷程，以及煎熬且難堪的被評價的歷程，並且不保證一定能獲致成功。」

當然，現在回頭來看，繞了一大圈其實還是得回到原點。終究我還是必須靠自己，完成那些曾讓我很想拔腿就跑的所有課題。

對業力關係的誤解——誤以為忍受他不好的對待是學習成長的機會

有一種在東方文化裡常見的現象，許多人不願離開一段具破壞性、充滿毒素的婚姻，是因為誤解了「業力關係」，認為「這是前輩子欠他的，今生就是來還債的」、「夫妻就是相欠債」、「忍受他不好的對待是學習成長的機會」、「婚姻就是要包容」、「這輩子還完了，也許下輩子就不用再還了」等。

這是一種能量上的糾纏，只是無謂地延長雙方的痛苦。真正要做的是「放開彼此」，讓雙方都有機會為自己的問題負責，從而體驗到自己就是獨立且完整的。你並沒有義務要跟對方在一起，對方亦然；你無須為對方負責，他對你其實也沒有責任。解決他的問題的方法，不在於你如何做；同樣地，解決你的問題的辦法，也不在於他如何做。覺得彼此有義務「拯救」或「陪伴」著對方，到頭來只是徒然增強了雙方各自無力與受害的感覺。

業力全然是個人的事。潘蜜拉．克里柏（Pamela Kribbe）提到，「解決業力是你自己的事，另一個人可能會觸碰或引發你內在的某種東西，在你們之間創造許多戲劇事件，但是處理自己內在的傷痛仍然是你個人的任務和挑戰，跟對方無關。你只對自己有責任。……**在緊要關頭常常需要你徹底放手，離開那樣的關係……**如果你劃清界線，為自己站起來，最終會比較有幫助。你的目的就是要完全靠自己去感受到完整與圓滿，那是一段美滿關係最重要的條件。」

迷思五：「離婚會對孩子造成無法彌補的傷害。」

有些極為關愛孩子的爸媽，無法結束一段扭曲且極具破壞性的關係，是因為擔憂著自己若是離婚，「孩子一定會受到無法彌補的傷害」。

我總會覺得，這樣的想法或許與當事人本身，未曾有過「療癒」的經驗有關。很多人不知道，**「創傷」其實是需要被療癒的，也可以被療癒，而單純「時間的流逝」並不會使得傷口自行癒合復原。**即便這個人從外在看來已恢復尋常生活，但通常這些未被處理的創痛會被攜帶進下一段關係裡，或在某些層面持續干擾受創者的情緒、身體健康與生命中各式各樣的決定。

這些當事人，也許從未有機會或者從不知道有必要接受心理治療和其他有效的療癒方式，多半也與內在深層的情緒（通常是被認定為負面的情緒，好比傷心、遺憾、失落、心碎、憤恨等）和真實自我有某種程度的疏離；這些當事人，更可能從未曾意識到，自己內在便具有強大的療癒力量，遑論與此力量相連結並主動運用它來協助自己。而當自己不曾有過「真正去經驗情緒」與「療癒創傷」的認識與經驗時，自然也無從想像，當無法迴避的失落與痛楚發生在孩子身上時，該如何陪伴與協助他穿越轉化呢？

因而，當恐懼著傷害的發生。甚至在必須做出重大決定時，因為欠缺減緩與撫平情緒的能力，所以難以做出真正有益且適宜的選擇。原是不欲讓孩子經受短期的輕微傷痛，最終卻使得他們承受了數十年廣泛且深遠的傷害。

漫長的人生當中，傷心、失望、痛楚等種種失落尋常且自然，是「成長」必經的過程，就像新生命的誕生前必有的陣痛一般。這些生命中的莫可奈何、未能盡如人意、失落與傷心，若能溫柔地被對待與處理，將使得人們益發地堅強成熟，從而由內裡煥發出愛與喜悅。

這並不表示，父或母因此就能夠輕率且恣意地傷害孩子或他人；或者在做任何決定時，無須慎重考量到孩子的感受與需要。情緒的產生，無論是傷心痛楚或震驚憤怒，某些時刻都是難以避免的，若僅是為了迴避其產生而不去做必要做的事，那麼，往往會造成更大的傷害及損失。請你記得，**總有一些方式，能夠減緩情緒產生的強度與衝擊性，另外一些方式，則能夠協助撫平這些感受，經驗它並療癒它**。

結束婚姻，並不一定會造成「無法彌補」的傷害。一部分的關鍵在於，你願意且能夠承擔起做了這個決定後，後續所須承擔的一切。包含在整個過程中，協助孩子適應與療傷止痛，主動為自己與孩子尋求支援並安排必要的治療。**這個過程，不僅發生在初離婚時，也包括在離婚前期、離婚當時，以及往後數十年裡，可能都會有著因此而衍生的不同議題，與孩子在每個發展階段原就有的不同需求**。本書可以是一個實用的起點。

「和什麼比較呢？」

「離婚會對孩子造成無法彌補的傷害？」也可以從另外一個角度思考。亦即，**「和什麼比較呢？」**

是與徒具形式，面子重於一切的家庭相比？死寂冷淡，沒有真正親密互動的關係相較？還是和一個激烈衝突不斷，家中始終難以平和的婚姻比較呢？

又或者，與一段默許／認同暴力存在，孩子時不時目睹親人或自己受傷，持續經受死亡恐懼的家庭相較？抑或外遇及謊言層出不窮，小朋友們據此認為「欺騙是關係的常態」，「人無法忠於一段關係」的家庭？

哪一種環境會對孩子造成更為深遠的影響與傷害？並會形塑出扭曲的人生價值觀，好比暴力是被允許的、面子重於一切、在感情裡忠誠是愚笨且可笑的等等，以及更為惡質的兩性典範？

對孩子的傷害，得要均衡地從兩個面向來審視。其一，若是結束婚姻，可能會對孩子造成的衝擊與傷害是什麼？其二，**繼續留在目前的婚姻裡，又會對孩子造成哪些層面的傷害及扭曲？是否是更大且長期的影響？那通常都是隱形卻巨大的，「留在婚姻中的成本」，卻經常被當事人所忽略，或刻意視而不見。**

請你務必要去思考，就孩子長遠的發展與身心靈健康而言，哪一種選擇比較好？傷害較短、較輕微，同時「較有機會被妥善處理」？

最後一項同時牽涉到你個人的身心靈健康狀態。我在婚姻中的最後半年，自己已可感受到有些憂鬱症狀與創傷後壓力症候群的產生。自我意象逐漸扭曲，對自己的感受、判斷力、是非對錯、人我關係的界線，都開始產生動搖與懷疑。這是關係中很重要的警訊！情緒與身心健康日益惡化，心中充滿強烈的憤怒、哀傷、無法信任、與黑暗時……我知道再不離開，有一天我將無力顧全孩子，甚且可能連自己也救不了了。就是必須得要離開充滿毒素的婚姻與圍繞在周邊的某些人事物，才有機會遏止情況更加惡化，走上復原和療癒。繼而在健全平穩的狀態下，好好地將孩子拉拔長大。

你需要自己很好，才能好好地處理孩子的狀態。當你的時間、心力與資源都得用來應付與處理病態關係當中不斷發生的大小狀況時，就像一個破了大洞的桶子，無論妳舀了多少水，它都會以更快的速度流出。桶子就好比一個人的自尊與身心健康狀態，桶中的水則是能量，每一個人都需要基本的水量以妥善處理日常的工作與生活事務，破壞性關係卻像一把銳利的斧頭，持續地在桶身穿鑿出洞，桶裡的水因而不斷流失，逐漸欠缺健康關係所能擁有的高效能補給。扭曲關係裡長期的低水位，使得過往的你能夠輕易處理好的諸多事務，逐漸變得費力艱難，你的自信、自我價值感、與身心健康，即桶身，亦殘破不已。

別說「補洞」本身需要耗費相當大的水量／能量，你連「補水」來因應基本的生活要求都快要捉襟見肘了。當尋常的生活、工作、育兒、交際都變得如此困難時，你只能眼睜睜地看著桶身的洞／傷口一個一個被鑿出，卻再也無力做些什麼……如此惡性循環，直到涓滴不剩的那一天。你真正需要做的是，下定決心推開這把斧頭，停止新的傷害。

所以，為了孩子，不要離婚？

在某些關係裡，「為了孩子，你更要考慮離婚」。

無論「繼續婚姻」或「離婚」，本身都不會是救贖

朱蒂絲．沃勒斯坦（Judith S. Wallerstein）曾說，「在問題家庭長大的孩子——不管父母離不離婚——生活都很類似。**除非父母之中至少一人願意改變，且真正關心孩子，能提供一個穩定的家與負責任的教養方式**，離婚本身並不是救贖。」

而我要補充與強調的是，**無論「離婚」或「繼續婚姻」，「本身」都不會是救贖。**

美國當前有關婚姻的社會文化與現下的台灣仍不盡相同。一九六九年，當雷根州長簽署並通過「無過失離婚法」後，其影響如野火燎原，許多婚姻解體了。整個美國社會對於兩性新獲得的自由，以及人們能夠修正早期錯誤的結縭額手稱慶，卻輕忽了離婚對孩子可能的影響，更忽略了這當中雙親必須要為孩子做的事。直到近十年，開始有些不同的聲音出現，要求人們重新關注並看到離婚之子的需要與心聲。然而，台灣目前的狀態卻是：誇大了離婚對孩子的影響，同時輕忽了稚弱的孩子長期留在病態扭曲的家庭裡所受到的傷害。

而我想從另外一個層面，更具體地指出，孩子不會因為你決定「留在婚姻裡」，就變得健康；也不會因為你決定離婚，就受到巨大的傷害。**讓孩子身心健全的，不是「婚姻」本身。同樣地，讓孩子嚴重受創的，也非「離婚」本身。**那麼，關鍵到底是什麼呢？

這一切的關鍵在於，**你與伴侶在離婚的過程裡，和離異之後的多年期間，「所做的事」與「沒有做的事」，以及你和伴侶在決定繼續婚姻時，「所做的事」，和「沒有做的事」。是這些「你所做的、所說的，與沒有做的、沒有說的」，促成了孩子的健康、成長、調適與療癒，抑或造成了孩子身心各層面巨大的傷害與生命的停滯。**（在第六章裡，我會更細膩且全面地談論這些對你們與孩子無比重要的事情！）

而這些，基本上都與「婚姻狀態」無關。

「孩子」，只是你迴避自身議題的藉口

另外一種常見的狀況是，「為了孩子，而不離婚」。少數的例外，確實是成熟的父母衷心且細膩地考量到孩子的需要，雙方也能致力於平和相處與合作。然而絕大多數的情況，卻不真的是（或說不全然是）為了孩子的福祉而做的決定，背後主導的，其實是當事人自己「對離婚的恐懼」。

也許是經濟依賴，也許是情感依賴，害怕一個人過日子，恐懼孤單，難以面對並承受「失婚」的汙名，不願意放棄伴隨著這段婚姻而來的地位、身分階級、光環與便利性，不甘心將伴侶讓渡給另外一個人，擔憂自己一人無法照料好孩子，害怕再也遇不到條件與伴侶一般的人，或者再也沒有人愛自己等。

通常這樣的當事人，都不是很了解自己孩子心中真實的感受與想法，也難以看到孩子真正的需求，更遑論學習如何健康地滿足它們。當「承認」與「面對」自己的真實及恐懼都這麼困難時，如何能看到他人？此外，當自己的許多需求與渴望是透過依附他人（如伴侶）而獲得滿足時，孩子通常只會是犧牲品，是為了滿足「當事人的需要」而被如此安排。是當事人「需要」保住這段婚姻的想法，多過孩子。

這樣的當事人，多半也沒有能力協助孩子因應與面對生命的困境與難題。由於其自身大多時候的選擇與做法，即是逃避與不去看見，將責任幽微地轉嫁。

「要不是為了你們，我早就離婚了」。

我實在很難描述這輕輕的一句話帶給孩子的負荷與傷害。即便你的出發點是為了孩子，但基本上這段婚姻，以及是否留在這個婚姻裡，都是你「個人的選擇」，根本上與孩子無關。**孩子不需要承擔你幸福的責任**（我的不快樂，都是為了你而留在婚姻裡……而你居然還不孝順我？），**孩子也不需要以孝順你或照顧你，作為你如此選擇的回報**。你是為了自己而做這個選擇的，請記得。就算在某種程度上你確實真心考量到孩子，但請你看到，這與你「想成為什麼樣的父親或母親」有關，你期待自己是個盡責照料孩子的父親或母親，你不願或難以接受自己做出惡劣的行徑，這可能會對你的自我觀感與自我形象造成很大的挫傷，你可能會因此而不喜歡自己、對自己感到厭憎、或者無法再敬重自己。基本上，這是你的自我期許與要求，依舊與孩子無關。更甚者，你可能只是害怕別人如何說你、看待你而已，如此更與孩子無關。

顧全與保護孩子，是每對伴侶、每個人的責任

整個外遇事件裡，最無辜、最不該被要求承擔些什麼，同時也是最脆弱、擁有最少資源的人，便是「孩子」。

然而，孩子卻是在外遇事件裡最常被忽略的。很少人會關注到，孩子對於家裡上演的這些爭執與衝突的感受與想法。當外遇的伴侶在自己脖子上架著一把刀，對著另一半嘶吼：「我說沒有外遇就是沒有，你不相信我就死給你看！」的時候，沒有人想到孩子就在同一間屋子裡，而且顯然沒有聽力障礙……深陷風暴中的雙親，沒有人顧慮到，孩子當時有多大的驚懼

與無助。

處理外遇的過程中，如何「顧全及保護孩子」，甚至在對婚姻做出抉擇後，如何「促進孩子的心理調適」，都是對家庭、社會而言非常重要的議題。這些會在本書的最後一章裡詳細說明。

1-4 新形式健全家庭 與 雙性教養

「梵文『健康』的意思是，『成為自己』，歸於中心。英文的健康（Health）這個字也很美，它跟『神聖的』（Holy）和『完整的』（Whole）這兩個字來自同樣的字根。當你是完整的，你就是健康的；當你是完整的，你也是神聖的。」

～奧修・瑜珈之書

一個家庭的健康與整全，首先來自於個體的健康與整全。然而，怎樣才算是一個「整全的人」呢？又如何才能成為一個健康、完整、神聖、充分發展且成熟的個體？

這是一個很重要也很龐大的議題。簡單地說，一個完整的人，是能夠在「身體——心理——靈性」三個層面中好好地整合並極為均衡的，這並不是新的概念，只是近年來這些存在於東方的古老智慧重新被看見並被賦予重視而已，身心靈是交互影響且無法分割的整體，每一個層面的健康都需要個人額外的側重與修持。

實務面向，則要另外要加上「財務」與「關係」的健康，才能兼備，也就是詹姆士‧雷（James Arthur Ray）所倡導的，生命的五根支柱，分別是「財務」、「身體」、「心理」、「社會／關係」、與「靈性」。財務健康與獨立的經濟能力，是當前經濟型態中不可或缺的健康要件，要成為一個整全的人，你就必須具備基本的經濟能力、創造財富與價值的能力。或許多年後社會型態將有所轉變，屆時不一定需要金錢作為媒介；然而今日，「沒有獨立的經濟就沒有獨立的人格」，這句話有其道理的，無論是在原生家庭或婚姻當中，皆然。而「關係」，則是修行的場域，生命就是關係，不僅侷限於男女情愛，而是涵括「你與自己」、「你與他人」、「你與世界」的關係。這五根生命的支柱都需要被你適當地關注與發展，也許在不同時刻傾力於不同面向，而最終須使整體均衡且健全。

一個完整的人，基本上也是「男性能量」與「女性能量」都能充分且均衡發展的人。通常是一個男性特質與女性特質兼備，能隨著情境、目標、與角色而有適時轉換及發揮的人。

「男性能量」是高度聚焦，以目標為導向，同時使你與整體分離，獨自出來成為一個特定的個體；「女性能量」則是家與內在源頭的能量，如大海般包容，是連結的與流動的，你可以說它就是光與愛，以及五彩繽紛的生命力的展現。

這兩種能量都很重要，當缺少了其中一個時，另外一個其實也無法有太大的發揮或良好的展現。我們似乎已經走到了，代表男人和女人的兩股能量需要調和平衡的世代了。從過度崇尚「陽」的當前社會，亦即崇拜快速、高效、拼命、成功、和科技，轉變到同樣尊重「陰」的面向，重視慢活、無為、等待、黑暗、未知、大自然與地球。不僅是男人與女人彼此之間尊重合作，存在於每一個個體之內的「男性能量」及「女性能量」，也都需要被賦予尊重並允許其各自充分發展；使個體漸能從「未成熟的陽」與「未成熟的陰」邁向成熟。

整全的人，也是逐漸從「低意識」走向「高意識」的的人。不僅是關係層面如此，個人的狀態亦然。然而，在此之前，我要先請你，親愛的你，先去擁抱最低層的自己。

擁抱最低層的自己

肯恩．威爾伯（Ken Wilber）很清楚地指出，「人類的意識成長必須包含、迎接並帶著我們最基本的能量，諸如我們的動物性、性、身體、情緒，抱著所有這些往上成長。如果沒有擁抱這些最低層的自己，會造成病痛與心理的變態。如果我們要進展到意識成長的下一個階段，我們就必須整合低層的自己。」

身體，便是最低層的自己；透過財務所能滿足的生理享受與物質需求，也屬於低層的自己；情緒，無論是正面或負面，以及性能量，皆是生命力與熱情所在，也屬低階的自我。

整全的開端，其實是開始關注並接納這些層面，被世俗貶抑、被自己拒斥的那些部分。所謂的「讓自己完整」，也就是逐一地迎回這些曾讓你羞愧與深惡痛絕的事物，迎回被你拒絕的自己。

雙性教養——父愛和母愛的兼備

你需要先讓自己的男性能量與女性能量能夠充分且均衡地發展，你需要先學習成為自己「內在的父親」與「內在的母親」，你需要先擁抱並接納低層的自我，療癒舊有的傷痛……當這些部分逐漸豐盈時，你將自然而然地，能夠在不同時刻給予自己需要的父愛和母愛，從而也能夠在孩子需要時，適切地給出父愛及母愛。

「父愛」與「母愛」是兩種不同但都很重要的能量。致力於女性能量復甦的李安妮（Tara Ann Lee）如此描述：「父愛讓我們知道我們有更多的成長空間，可以變得更上進，鼓勵我們不斷學習、改善並前進。父愛主要的成分是動力與參與，以及主動進化」。而「母愛讓我們看見自己現在就擁有的價值，讓我們覺得被接受，能夠很輕鬆自在的做自己。母愛主要的感覺是接納、允許、寬容和自然的存在。」簡單地說，父親的角色協助孩子健康地離開母親，成為獨特的自己，引領孩子成長前進。母親的角色則協助孩子感受到無條件的愛與本來就具有的價值，接納自己，並與內在源頭和「家」維持聯繫。（我會在第二章裡，進一步說明在療癒與經驗情緒的過程中，你如何與你「內在的父親／父愛」與「內在的母親／母愛」連結並同在，同時運用他們來協助自己與孩子）

孩子成長的不同階段，父親與母親的角色也有不同的意義與重要性。它是交替穿插的。由於「雙性教養」並非本書的重點，在此僅是讓你知道，獨力教養孩子其實也能兼顧兩者。

除卻來自你自身的父性與母性，孩子成長過程中，特別是青春期期間，你仍需要主動為他尋找並創造其他健康且多元的「兩性典範」，透過你與某些相對健康的朋友們的接觸與情誼的建立，並主動迴避那些具傷害性與不良示範的人物，謹慎地讓他們成為孩子生活經驗的一小部分，使得孩子有機會認識與看到其他不同於你或另一半的良好典範。

1-5 去做必要的事，讓幸福能夠伴隨

結束一段婚姻未必會對孩子造成無可彌補的傷害。前面說過了，關鍵在於：你在這個過程中，「所做的事」與「沒有做的事」。而**實際上，它也可以是一次很好的經驗，與「很重要的示範」。示範，某些生命中的堅持或價值**，好比關係裡的尊重與真誠、對承諾的實踐、彼此對信任的用心維繫等，**是值得你用「結束」一段關係去追求與維護的**。

你在為孩子做一個舉足輕重的示範

爸爸或媽媽在做一個示範，一個舉足輕重的示範。

示範，創造幸福是每一個人的責任。示範，不是被動地等待幸福發生或降臨，而是**去做必要的事，讓幸福能夠伴隨。用佛教的觀點來說，便是去創造那個「因」，然後等待「緣」熟成，一旦「因緣俱足」就會發生。**

示範，每個人都可能犯錯，在人生的各個階段，在相對重要與不重要的決定上。當你發現錯誤的時候，無論是選擇了一個不適合的伴侶、抑或發生外遇，都別忘了比停在那裡懊惱自責更重要的是：你願意承認，並鼓起勇氣修正這個錯誤。

示範，你不需要完美無暇。你不需要挫敗歷程。你不需要事事完美、事事逞強、顧面子甚於裡子。接納你的真實狀態，接納你的不完美，而那，就是完美。

對我來說，我並不希望我的孩子成為一個當關係已經扭曲到極致，卻仍無法離開的人；我不希望，他會認為即便充滿謊言與傷害，一段關係仍必須持續；即便失卻信任與尊重，兩個人還是能夠湊合著一起生活，我不希望我的孩子學到，「不尊重自己」與「不愛自己」，僅是為了社會的評價、那外在且空洞的「整全」。

我的幸福，是我自己的責任。不是伴侶的責任，更不是婚姻的責任。不管外遇有沒有發生、伴侶有沒有要回頭、婚姻有沒有要繼續，每一個人都得學習為自己的幸福負起全責。

1-6 與其問「那怎麼可能」，不如問「如何使其可能？」

艾倫．蘭格教授曾經提出一個，逆轉「季諾的悖論」（Zeno’s Paradox）的策略。季諾有一個非常著名的悖論：如果我每次都朝目的地前進一半的距離，我將永遠無法抵達目的地。也就是說，倘若我離飲水機兩公尺遠，每次都朝它走一半的距離，那麼我永遠都喝不到水。

蘭格教授為此提出一個簡單而正面的思考方式，並稱之為「逆轉季諾的策略」，亦即：

只要每次走一小步，無論這一步有多小，都可以讓我們離目的地更近。只要走一小步，肯定會有另一小步可走，如此一來，原本認為不可能達成的事，最終都得以實現。

結束婚姻，重建生活，創造幸福，基本上也都是從眼前的一小步開始。我們也稱作「嬰兒的步伐」，沒有比小嬰孩最初那顫顫巍巍的一步更不起眼卻又舉足輕重，萬里之行，便始於這小小的一步。儘管初時難以想像，這一步又一步的微小顛簸如何走進世界，再走遍世界。

在最困難的那些時刻，我會鼓勵你，與其問「那怎麼可能？」，不如問「如何使其可能？」當你認定並無可能的時候，你的限制性信念便圈囿住你自己，即便就在眼前，你也看不到那些可能。然而當你轉而詢問，「如何使其可能」時，你便開啟了神奇的那一道門。

註1：人類何時開始穿上衣服？佛羅里達大學的里德（David Reed）教授研究團隊從蝨子的演化推斷，可能大約是在十七萬年前的時候。這分研究刊登在二〇一一年一月的《分子生物學與演化》（Molecular Biology and Evolution）期刊上。即便時間點不清楚，原始人種不穿衣服是相對確定的。

註2：即便是心理疾患或身心成癮的情況，好比「性成癮」（sexual addiction）的個體，就某些層面而言，也是有選擇的。好比，選擇是否為此狀態負起療癒的努力與責任？是否誠實告知伴侶？等等。

你是寶貝，請在嘴裡細細咀嚼這兩個字，「寶，貝」。含著情感。就像你低聲喚著你的孩子一般，讓你的胸臆間充滿溫柔的情感。

用「我」取代「你」這個字詞，停下來跟著我做，大聲唸出「我是寶貝」，聽著你的聲音迴盪在空氣中，那樣陌生的語彙與發音。再一次，細細品味這個詞。

我是寶貝，毋庸置疑。不管眼前這個人是否把我當成珍寶，我至少都是一個人的寶貝，這個人就是「自己」。沒有人比「自己」更了解我，更清楚我在過程中的折騰，更心疼我，更能無條件地愛我。

倘若連「自己」都辦不到珍視與呵疼我，又如何要求他人也如此對待？

倘若連「自己」都輕賤著我、深信我其實不大重要，又如何能怨怪他人踐踏我的真心，所做、所見與我略同？ 外在世界不過就是你內在世界的投影罷了。

羅伯特・龐帝（Robert Pante）說過一段很有道理的話：

「你瞧，你被安排到這個星球上來，並且被賦予最優質的事物。你所擁有的並不是便宜的塑膠眼睛或聚酯皮膚，你的骨頭也不是橡皮做的。你整個身體都是由極為巧妙、不可思議的物質所構成。因此，在這麼卓越無比的容器中，你難道不認為，它內在包含的物品，至少應該比它的外包裝更具價值嗎？你應該不會特定去訂製一個價值五百萬美元的保險箱，卻只能放一個價值兩分錢的迴紋針吧？這麼做完全沒有道理。很明顯的是，在這個身體裡面的東西，絕對要比外頭的包裝更具價值才是。」

當你不愛自己時，無論周圍有多少愛，你的內在仍然處於匱乏且饑渴。當你不愛自己時，你也很容易為自己創造「不被愛的關係」。而你根本沒有辦法在不愛自己的狀態下，去愛別人。

愛的源頭，其實在你的內在，也僅在你的內在。

第2章
創傷的療癒——由觀照你的情緒開始

無論是建造一個完整的家、協助孩子健康成長與調適、與原／新伴侶重建親密互信的關係、幸福圓滿的獨身生活……首先你都得療癒自己的失落與創痛。而真正的療癒，必然伴隨著深層情緒的經驗與轉化，隔開「情緒」的所有處遇，皆會是有限的。因而你需要對「情緒」和療癒的本質有些基本的認識，才能啟動這個歷程。我們一般對情緒和創傷的誤解，時常阻礙了個人內在療癒本能的作用。故而這一章先由「創傷的療癒」與「情緒」談起，以協助你移除復原歷程中的路障。

創傷與失落，是每個人的人生中必然會發生的普遍經驗。如何面對生活中微小的失落與重大的創痛，其實每個人都需要知道。當你知道如何從傷痛中療癒自己時，你才能真正了結每一段關係之中的「未竟事物」（unfinished business），亦即關係或事件結束後，情緒與情感上依舊存在的這些連結，真正地與過去道別。人並無法單靠「遺忘」來了結傷痛，刻意要遺忘某件事本身便蘊含著未被處理的痛楚，蟄伏體內隨時等候冒出頭來。真正的結束其實是，那些或美好或傷痛的事件情節仍在，當你想起時卻已不再伴隨強大的情緒。更重要的是，療癒後的你能夠將最純淨飽滿的能量重新投注在新的關係上，再度與自己、與他人、與世界建立起深刻且充滿愛的連結。

當你逐一療癒來自原生家庭和過往關係中的傷口，你將越來越自由且趨於完整。你會比現在的你更勇於冒險，更無懼於受傷。

2-1 調整你對「情緒」的認識

處理失落的阻礙性概念

三十多年前在美國創辦傷心療癒協會的約翰．詹姆斯（John W. James），與羅素．傅里曼（Russell Friedman）合著的《一個人的療癒》中，提到六種社會上普遍存在的處理傷心的錯誤觀念，分別是：「不要難過」、「找東西來取代失去的」（註1）、「獨自傷心」（註2）、「讓時間撫平傷痛」、「為某人堅強起來」、與「保持忙碌」。

即便是數十年後的現在，這些「阻礙哀悼完成」的做法，依舊普遍存在。遭逢失落後，傷心與痛苦的情緒是自然且健康的事，但因為社會集體對「情緒」的誤解及貶抑，與回應上的無措，致使傷心人更時常被隔絕在最需要的社會支持之外。舉個例子來說，許多好心人會叫傷心的人「不要哭」、「不要難過」，是因為除了這個以外，我們不知道還能說什麼、做什麼，不懂如何「有效地傾聽與陪伴」……成長過程中我們鮮少被教導這些。另外一種常見的情況是，當事人的哭泣，引發自己某種程度的焦慮、感傷，或無助等感受，安慰者未必有所覺察，卻下意識地急著想要做些什麼好讓對方停止哭泣、儘快堅強起來，如此自己才會感到好過一些。

在這裡我要特別提及的是，**時間「本身」通常不能夠撫平傷痛**。臨床上看到太多人，依舊未能從多年前的失落或創痛中走出來，因而也看不到這些「尚未痊癒的傷口」如何對自己的親密關係、職涯選擇、生活的活力與熱情等各種層面產生影響。有些甚至全然沒有覺察，直到治療逐漸開展，並與自己恢復連結後，才訝然覺察內裡的傷痛與隨之而來的禁錮箝制。這些人多半「靜待時間來治癒一切傷痕」，相信時間自然有種魔力，可以使一切復原如初。詹姆斯與傅里曼舉了一個很有趣的例子：「如果你發現你的車子爆胎了，你會拉一張椅子坐在車子旁邊，靜靜等待空氣自動跑進輪胎裡嗎？」

重點不是時間，而是你在這段時間裡，為這個失落與傷心做了些什麼，才能有效地了結或轉換它。那其實也就是「療癒」的一部分。你得治療自己，挖掘並找出這件事當中的未竟事務，然後完成它。

首先，讓我們由「關注」並「理解」自己的情緒開始。

「關注」就是愛：愛自己的第一步，對你的情緒賦予關注

前面提及的阻礙性概念，跟「傷心」比較有關（部分或也適用於其他情緒）。但傷心其實只是情緒的一種。我很訝異地發現，無論在演講或治療當中，當我詢問當事人「你的情緒是什麼？」或「你感覺到什麼情緒？」時，很常得到「我認為他不應該這樣做」、「我覺得很不公平」、「我以為他會如此都是因為……」等回答。當然以上的回應某種程度上都反映了當事人的真實，只是，這些陳述基本上都是「想法」，是對事情的看法、詮釋與分析，而非「情緒」。

有一定比例的人，是真的不知道「情緒」和「想法」的區別；另外一部分則是，不習慣情緒語彙的使用及表達。我們的社會其實並不鼓勵表達情緒，特別是負面情緒，在這樣的社會情境下，許多人所擁有的「情緒語彙字庫」相對貧乏，因此經常會發生找不到「詞語」來表達心中感受的情形，或者籠統地以「讓我不是很『舒服』」、「我感到很有『壓力』」等過度模糊的用語來描述。有一些人則是根本與自己內在的情緒疏離至斯，對負面情緒本身的「批判」與誤解（註3），致使這些人在成長過程中的某些時刻，有意識或無意識地選擇關閉豐富且自然的感受之門。

情緒語彙雖然也可當作名詞或動詞使用，然而從描述心情的「形容詞」來認識並理解「情

緒」，似乎較為容易。研究上對基本情緒的數量與分類仍有歧異，但一般而言，跨文化皆然，且普遍被同意的四種原始情緒為：「喜（喜悅的）、怒（憤怒的）、哀（傷心的）、懼（恐懼的）」。其他諸如，驚訝的、歉疚的、羞愧的、遺憾的、困惑的、無助的、安心的、厭惡的、嫉妒的……這些對心情及感受的形容，也都屬於情緒。

情緒，就彷彿是你內在的小孩

「情緒」，就某一層面而言，**好比是每一個人「內在的孩子」**。在每則情緒發生與經驗的當下，能從一個更寬廣的角度觀照全局並理解這個情緒一切的，**其實也就是個體「內在的父親」；而願意進入那個情緒，去經驗、與它在一起、讓它自然地穿透自己並流動、用愛與慈悲去涵容及擁抱它的，則是個人「內在的母親」**。用比較俗世平白的話來說，一個是「理性的」（意識的）觀照與覺察，另一個則是「感性的」（情感本身的）單純進入與經驗。

有一種說法是，你如何對待你真實生活中的孩子，通常你也會是這樣對待你自己的情緒，亦即你內在的孩子（註4）。你可以在平靜之中觀察自己平日與孩子的互動和關係的品質，若你經常感覺，很難去了解孩子真正的感受及想法，而你的孩子自某個時刻開始再也不願意向你述說心事了，你首先要學的，其實是「『傾聽』你自己『內在孩子』的聲音」。問題的根源都不在他處，而在你與你自己的關係上頭。你真正要做的，並非學習教養的知識與技巧，當然這個終究會有一些幫助，但是你真正該做的，卻是「回歸自身」，重新恢復你與內在孩子的連結，而這可以從「賦予你的情緒足夠的關注」開始，請記得，**「關注」就是愛。關注你的情緒，就是「愛自己」，並且是「愛自己」不可或缺的一種方式**。愛自己是耳熟能詳的用語，廣告商特別愛用，但它的意涵絕不等同於吃好穿好、買高檔精品、購物花錢。愛自己的第一步，其實是賦予你的情緒足夠的注意，允許它充分述說，而你學習傾聽與同在。

若你對孩子常常是嚴厲的，有很多的批判、覺得他不夠好不夠努力，那麼，你多半也是如此對待你內在的孩子，批判自己負面的感受與狀態，責怪自己不夠堅強、不應該有這樣的感覺。又或者，你經常很擔心孩子受傷、捨不得他經受挫折、無法堅定並溫和地為他設立有益於他身心發展的規則，可能是你其實並不熟悉或不相信自己內在的智慧與療癒力量，你內在的父親與母親，徒然將心力用於掌控外在的發生有某程度的關連。

在進入與經驗情緒的同時，需要讓自己保有一分「覺知」——情緒療癒的關鍵

「不壓抑或逃避任何正面或負面的情緒，但為它負起完全的責任」，是情緒對待的一個**重點**。我經常在當事人身上看到兩種極端的狀態，一種是「陷溺型」，全然陷落在情緒裡，

被情緒淹沒且無法將自己拉拔出來，另外一種是「隔離型」，與自身情緒疏離，感受不太到自己有何感覺。這兩種都是極度「失衡」的狀態。均衡的狀態是，**在經驗與感受情緒的同時，亦讓自己保有一分「覺知」，這個「覺知與觀照」正是整個情緒療癒的關鍵**。透過你內在的父性意識，關注並理解情緒的內涵，同時為這個情緒負起責任。當你能夠在情緒強烈時維持觀照的意識，同時理解自己對內在孩子負有擁抱與調節的職責時，便不會隨順它迸發成傷人傷己的行止。

而「隔離型」中有種程度較輕卻更常見的變形，是以純粹智性，所謂「理智化」的過程來梳理感受。著重於分析、講道理、事件數據，卻與內在保持距離。我們在生活裡都曾遇過這樣的人。與「隔離型」一樣，其實都是「不願意進入情緒」。試圖迴避脆弱、直接的感覺。當事人不知道的是，這樣做的同時卻也切掉了一部分的自己，與生命力及療癒力量連結的那個自己。

對「情緒」的基本認識一：情緒本身並無對錯，情緒表達才有較具建設性或破壞性的區別

在此，我仍然必須提及兩種，對「情緒」普遍存有的誤解。然後，再讓你清楚看到，從

來就不是這些人、事、物引發或造成你的情緒。根本上，就只有你；你是你自己所有正面與負面「情緒」的源頭。

第一種誤解是，「負面情緒是不好的、有破壞性的，必須用正面感受或想法取而代之」。而我要告訴你的是，也是對情緒最初步的認識，**「情緒本身並無所謂對錯，情緒表達才有較具建設性或破壞性的區別」**。

這裡要先說明一下，「情緒覺察」（emotional awareness）和「情緒表達」（emotional expression）的不同。「情緒覺察」是指，對自己情緒的發現與辨認，好比我覺察到，當他在說這句話時，我心底湧現的哀傷；我的胸口灼熱緊縮，眼眶有些刺痛（與情緒有關的生理感覺），我的傷心在於人世無常，人與人之間的情感終有成為過去的一天（與情緒有關的想法）。「我覺得傷心」，是「情緒覺察」，廣義而言，包含了情緒本身、與情緒有關的生理感覺、與情緒有關的想法，亦即情緒、身體、認知這三個部分。而「情緒表達」，則是如何傳達與展現這個情緒以及相對應的想法。好比，我閉上眼睛，讓眼淚流了下來；抑或，我告訴對方：「聽到你這樣說，我覺得非常的難過……」。

情緒覺察	情緒表達
我傷心欲絕（難過）	*號啕大哭 *沈默地掉淚 *口語表達「聽到你這樣說我真的很傷心」 *強裝不在意，轉身離去 *大吃大喝 *破口大罵（用憤怒掩蓋傷心） *用小刀割自己的手腕（以生理的痛苦轉移心理上更深刻的痛楚）
我很火大（生氣）	*清楚明確地告訴對方，自己在生氣什麼 *臭著一張臉不說話 *掉頭就走 *發脾氣，亂丟東西 *大聲謾罵、反擊，甚至人身攻擊 *臉漲紅，爆青筋，握緊拳頭往前揮去 *蹺課、蹺家 *不再跟對方講話、互動，短期或長期冷戰 *拿頭撞牆、徒手捶破鏡子 *持刀舉槍殺人、傷人 *在公共場合放置危險物品 *大屠殺

「情緒本身並無所謂對錯」。你感受到的任何情緒，都是需要被你自己尊重的，「如實如是」地接納。**情緒本身，並無所謂「對或錯」、「好或壞」、「應該或不應該存在」的區別。而越是強烈的情緒，越是需要你主動賦予關注及理解。**「情緒表達」則依當前社會規範的不同，而有恰當與不恰當的分別，但我認為社會，或說集體意識，也是一個能夠不斷進化的實體，因而「情緒表達的合宜範疇」，在個體與集體層次對情緒更能接納的狀態下，是有機會修正與擴展的。我比較會以「在個人層次和集體層次，建設性或破壞性」的角度，來看待「情緒表達」。**我們每一個人，在接納自己各式情緒感受的同時，都要學習能以建設性的方法，至少是不傷人且不傷己的，來表達特定情緒與相關想法**，此點毋庸置疑。

擁抱並接納你的負面情緒，如同擁抱你的正面感受一般

不僅僅是「社會」本身對「情緒」存在著貶抑，在過去很長一段時間裡，世界上的主流傳統宗教與靈性教誨，對三種事物普遍存在著誤解和壓抑。這三種事物分別是：性、負面情緒，以及金錢。

在這些傳統教導裡，建構了許多「人為的」的二元區分，並附加以「評價」。好比將「情緒」區分為「正面情緒」與「負面情緒」，尊崇與榮耀所有正面的感受，包含愛、慈悲、關懷、

快樂、興奮、愉悅、滿足等等，同時卻貶抑且打壓所有負面的感覺，諸如恐懼、焦慮、憤怒、恨、失落、傷心、嫉妒、痛苦等等。因而很少有人會在你喜樂時告訴你「不要笑！」，卻會在你難過時告訴你「不要哭！」，其便源自於此種二元區分與對情緒的評價。

於是你一感受到憤怒，這些教誨立即起了作用。生氣是不好的、不對的、你必須要免於發怒、剷除這些感受、要愛你的敵人如己、必須能原諒與放下、用正面想法來取代負面的。**然而當你拒斥了自己的黑暗（在此便為你的負面情緒）的同時，你也否定並拒絕了一部分的自己，你之所以身為人、光之所以由生的那些部分，**也是必然存在於每一個人身上的部分。在這樣的狀態下，即便你認為自己是慈愛的，你的愛仍有條件，你的內在仍存在著分裂與衝突。

即便不在靈性教誨的脈絡裡，一般成長過程中，我們仍舊常常會被教導「不能有這樣的感覺」，也許是我們的父母、老師、親友、某些成功人士或社會名人這樣告訴我們。比如經常能夠聽見成人對受挫或傷心的孩子說：「好了好了，不要哭了！」、「這有什麼好難過的？」、「哭又不能解決問題。」以上皆傳達了，哭是無用且無益的錯誤想法。**其實適度的哭泣有助於問題的解決，當情緒透過此種宣洩恢復平穩時，個體的認知功能及解決問題能力便能如常有效地運作。**再如，「你是男生耶，哭什麼哭啊？」、「勇敢一點！」、「要堅強！」，背後傳遞的訊息便是，哭是懦弱的展現，是太過軟弱與不夠堅強，男孩更是不能這樣。我還聽過有人這樣罵孩子：「我都被你哭倒楣了、哭窮了！」，這真是毫無道理的牽托，是說者本身的煩躁情緒，以不當的方式來表達。成人也常對生氣的孩子說：「這是小事，有什麼好氣的？」、「你怎麼這麼愛生氣呀？」、「你生什麼氣啊！我是關心你耶！我是你爸媽，難道不能這樣做嗎？」凡此都是在否定孩子感受憤怒的經驗。

以上這些，某種程度都傳遞了「你的感覺／情緒是不對的」、「你不應該有這樣的感覺／情緒」、「你應該要如何感覺才是勇敢與堅強的」這些有誤的訊息。

西方與東方的新興風潮

好消息是，近年來東方與西方不約而同地開始興起一股不同於過往的風潮。我們暫且不論及「信仰」或靈性的其他層面，單就這些靈性教誨中對「情緒」的描述與處理，有一些是我非常同意的，這些理解，其實也貼近某些心理學研究結果與經驗學派裡，對「情緒」的認識與情緒本質的教導。

《靈性煉金術》裡，「約瑟之子約書亞」便把「情緒」看作是一種對「無法理解」的事物的能量爆發，是我們可以在身體裡清楚感覺到的。而他這麼說，「**情緒不應該被評價和壓**

抑，它們是身為人的重要部分，所以必須被尊重、被接受。**你們可以把自己的情緒看成需要關注、尊重和指引的孩子。**」；「對於某個情緒，你們所能做的最重要的事，就是**允許它進入，去感覺它的各個面向，卻不能失去意識。例如憤怒，你們可以邀請它全然地存在，在身體幾個部位體驗它，但同時又站在中立的角度觀察。這樣的意識就是療癒。……以理解擁抱自己的情緒。這就是『靈性的煉金術』**」。

這非常吻合「情緒」本質以及「療癒」之所以能夠發生的描述，簡單地說，便是「以理解擁抱自己的情緒」，摒除了人們被錯誤教導的、對負面情緒本身具有的批判與評價，從而允許自己全然地進入它並經驗它，在此過程中保持著意識、覺知。透過擁抱並理解這個內在孩子所傳達的訊息，情緒才能真正被轉化與消融。

而在印度創設「合一大學」的巴觀（Sri Bhagavan），致力於推動全球的覺醒與合一意識，他所教誨的「內在誠信」其實就是「去看見隱藏在自己情緒背後的原因」，亦即看到自己內在的真相，巴觀認為這就是覺醒的開端。他如此描繪：「『內在誠信』是一種看見自己內在正在發生些什麼的工具；**沒有判斷、沒有譴責、也不提供解釋，就是去『看見』正在發生什麼。**」內在會有許多糟糕的東西，諸如憤怒、慾望、嫉妒、缺乏愛與連結，你可能會不喜歡它們，但你仍是必須持續看見，你會發現，那些東西存在於每一個人的頭腦裡面，並且是不可能改變的。這是由於我們所擁有的是非常古老的頭腦。同時你也沒有必要改變，巴觀認為，因為你就是被設計成這個樣子，而這是有目的的。**你什麼都不必做，你只要持續看見，並如實如是地接納一切好壞**，「當你深刻明白不可能改變時，你的頭腦就沈默了。你發現其實不需要努力，接納自然就發生了，然後愛也跟著出現，『臨在（神性）』也隨之而來。這就是『內在誠信』與『臨在』之間的關連。」

「我們的焦點是如何看見、**如何接納、如何與內在發生的一切在一起，而不是試圖保持某些事物，排除其他的。不要批評內在發生的一切，當你如實如是地接納時，就是靜心，就是實修，就是一切。**」

這裡要強調的是，「拿掉所有評判、就是去看見與經驗情緒」以及「全然地自我接納」這個部分。無論我們究竟是不是被設計成這個樣子，是宇宙隨機造成的結果抑或神聖意識的設計，重要的是，那就是人類最真實的本質與存在樣態，你我每一個人都是如此。而我們愛這個部分，愛自己的黑暗面與負面，如同我們愛自己的光明一般。

巴觀也鼓勵人們進入情緒，與傷痛或痛苦在一起。他認為人類之所以「受苦」，正是因為用盡各種方法來「逃避面對痛苦」所致，有人酗酒、有人埋藏於工作、有人暴飲暴食等、也有各種成癮行為。他用**「跳入老虎的口中」（在此老虎意指「痛苦」的情緒）來比喻**，「當你懸掛在天花板上，老虎在下面吼叫，你害怕自己隨時會落入虎口，這就是你所說的痛苦。**我們說的是，請從天花板上下來，直接落入老虎的口中被牠吃掉**。奇妙的是，當你被吃掉時，「你」就消失了，那還有誰在痛苦呢？……如果你沒有去經驗痛苦，老虎某天就會再次撲向你。你所能做的最好的事情就是去接納痛苦……你遲早會發現自己學會了這項藝術。每當痛苦來臨，你就會接納痛苦，痛苦就會轉化為喜悅。」

姑且不論「我」（此指「小我」，擁有與他人分離的幻覺的那個我）是否消失……「跳入老虎的口中」其實就是去經驗那個情緒。允許自己和這個情緒在一起。去正視、面對、進入那個痛苦。

負面情緒是通往深層自我最好的管道之一

先前已不斷強調，情緒本身並無好壞之別。於此更進一步地說明。首先，**每一種負面情緒都有它非常正面的意涵**。好比憤怒，憤怒有時是很好的提醒，對方的行止可能已侵犯到你的界線，或是未能尊重到你的意願及選擇，由於「健康的人我界線」對關係的長期維持與親密是非常重要的，透過覺察憤怒，你可以重新說明你的偏好與立場、採取具體行動、學習由自己來捍衛自身權益而非期待他人等。憤怒也會讓一個人變得有力量，原本性情溫和、語調輕柔的人，在憤怒之下說起話來可能是鏗鏘有力、擲地有聲，自然散發一股氣勢，讓他人不由得豎耳傾聽，同時對你的聲明給予合宜的尊重。你的憤怒也能夠讓他人警覺到自己行為的不當，並認識到這是獨特的你所重視的。憤怒也常常是社會改革及向上提升的一股強大的動力來源，女性工作權及其他權益的爭取與推展、弱勢團體的利益維護、地球生態與環境保護的重視，都是源自於最初那一股對不公、不義、不平等的憤怒。

悲傷也有很多好處。悲傷讓人有機會體認到，世間萬事萬物的無常本質，何者是幻相、何者是本源，而人類的痛苦源自於許許多多的執著與無明。悲傷也讓人學會珍惜所擁有的事物與情感，活在當下。使人有機會重新思考，自己生命當中的優先順序，從而在後續有限的人生裡，作出調整。悲傷亦使人更能同理他人的痛苦，深化與拓展個人的愛與慈悲。

除了負面情緒具有的正面性之外，如同婚姻與性治療的學者大衛．史屈納（David Schnarch）對「性」的肯定：「性，可以是一扇窗戶，讓我們看見自己是誰」，「情緒」亦有相同的功能。**情緒，是通往內在深層自我的一條道路**，特別是那些喧囂不已的強烈情緒，往往意謂著你內在的孩子攜帶著極為重要的訊息，聲嘶力竭地呼喚著你的關注，渴盼讓你聽見。透過對負面情緒的觀照與探索，你將有許多令人驚異的發現。那些極深層的渴望、內在的匱乏、強烈的慾求……你會在你身上看見每一個人。**情緒是一把開啟自我內在的鑰匙**，古希臘神殿上著名的「德爾斐神諭」即明白告訴世人：「**了解你自己，如此你將擁有宇宙之鑰與眾神的祕密**」。最奧妙處便存在於此。情緒通往內在自我，而內在自我卻通往這個世界以及宇宙的本源。

附帶一提的是，**當你開始往內在探索，你就開始成長**。這種內在轉化將會引導你採取某些新的行動，新的行動則使你開始進化，當你開始進化又採取更多新行動時，便會逐漸產生新的結果，好比開始能夠在生命中創造充滿愛與尊重的關係。**內在的轉化永遠先於外在的結果**。

即便不去談論「負面情緒具有的功能」，就「存在」本身而言，如同太極中的陰與陽，「無陽則陰無以生，無陰則陽無以化」，兩者相伴而成，缺一不可，正面與負面情緒亦然。也或者如磁鐵的正極與負極，自然界中的水與火，黑夜與白晝，凡此皆是相輔相成，本質上並沒有哪一種比較高尚、哪一種則低劣的區隔。這種建構與評價都是人為的。

對「情緒」的基本認識二：你的情緒並非真理，你的情緒也不等同於你

所有的情緒都是有止盡的。情緒只是一種能量的流動，總是不斷在變化著，有消褪的時候、也有再湧起的時刻，基本上是無常的。你的情緒不等同於你，就像你的念頭不等同於你

一樣。而這就是我要說明的，第二個有關「情緒」的基本認識，**「你的情緒並非真理，你的情緒也不是你」**。

當你感受到「生氣」時，儘管你需要傾聽與尊重，然而這並不意謂，你的生氣是合理的，你的感覺就是真理，人事物理應如此運作。更重要的是，尊重你的情緒，並不表示**「你必須（或只能）依據這個情緒來行動」**。

我們都知道，孩子所感知與理解的，不一定是客觀或全面的事實。因而，現實生活裡你多半不會單純依據孩子所感受到的情緒來反應或行動，你會自然地加入一些成人的理解、評估與判斷，再採取你認為合宜的行動。我們回應自己情緒的方式，也需要如此。強烈情緒下，經常伴隨相當程度的認知扭曲，而這就好像戴上一副有色眼鏡來觀看事物一樣。雖然你很「生氣」，強烈地感覺到「我是對的！事情就應該如此才對！」，然而你卻不一定是正義、正當、與正確的這種理解卻得要你平靜下來才有機會發生。此刻，請你先行記住，「你的情緒並非真理」即可。

在經驗與釋放情緒之後，你會有機會看到事情的其他面向。給自己多一點時間。**學習不要「反應」**（reaction），**而是「回應」**（response）。「反應」是自動化的、被制約的、是內設的潛意識播放程式、受到刺激直接驅使，「回應」則是沈澱過後，以理性協助、同時與心一致的真誠行動。

受到情緒直接驅使的行為，通常也不會有建設性。別讓情緒決定和主導你的行為，你並不等同於你的情緒，「你」，這個集合，比情緒大得多了。

2-2 從來就不是這個人或這件事，造成你的情緒

我們經常會認為，是這個人或這件事，造成了自己很大的痛苦。好比，老闆藉故炒我魷魚，所以我非常地火大；戀人離開了我，我因此而傷心欲絕。

我時常舉一個小學生都能理解的例子來作說明。這個例子是受到理情治療大師亞伯特・艾利斯（Albert Ellis）的啟發而來：

「假設你與朋友相約，要一起討論一分下週要交的報告或企劃案。你如期赴約。但等了半小時後，那位朋友還是沒有出現。你沒有接到任何他的來電，你嘗試聯繫他卻發現他的手機是關機的。你打算要離開了，就在這時看見他匆匆忙忙地跑了過來。請問這個當下，你會有什麼樣的情緒？」

通常我會得到五花八門、各式各樣的回答。很多人告訴我，他會很火大，等級從「小不

爽」到「超級火的」都有。而我會進一步詢問「你在不爽什麼？」或「什麼讓你這麼火大？」。

我將幾種常見的回答簡列如下：

事件（A）	不同的情緒感受（C）與其內涵
朋友遲到	**生氣**（從「**小不爽**」到「**超級火的**」） ＊「因為他不守時，跟人約定準時到應該是很基本的」 ＊「很不被尊重的感覺！也不會先打個電話告知一下，很沒禮貌」 ＊「浪費我的時間！」 **擔心**： ＊「不知道是不是發生什麼事了？」 ＊「手機也打不通，擔心發生意外」 **高興**（從「**暗自竊喜**」到「**開心**」**都有**）： ＊「因為這樣就有機會敲他竹槓，叫他請我吃晚餐！」、「而且他遲到越久，我越高興，就可以敲大去ㄨㄚ的！」 ＊「很開心不用再約下一次，今天就可以把報告解決」 ＊「幸好他及時趕來，不然我若是剛好走掉，兩人就錯過了」 ＊「很高興他沒事」 **平靜**： ＊「剛好利用這個空檔背背英文單字、看書或做點其他的事」 ＊「半個小時還在我能容忍的範圍之內」 ＊「別人會不會遲到說實在不是我能控制的，氣也是白氣，我沒遲到就好」 **難過**： ＊「他應該不是很重視跟我的約定，才會遲到這麼久，而且連電話都沒打」 ＊「他沒有很在乎我這個朋友……總是沒有人在乎我」

同一個「事件A」，在這裡卻有至少五種不同的「情緒C」（生氣、擔心、高興、平靜、與難過），我們都學過基本的方程式，因此，是「事件A」導致「情緒C」嗎？

?
事件 → 情緒
A　　C

抑或當中其實有另一個中介變項介入呢？亦即：

事件 → ？ → 情緒
A　　B　　C

在此例中，同一事件A，遲到，卻引發了不同的情緒C，從生氣到開心都有，顯然A並不是導致C的直接原因，真正的關鍵在於當中的B，也就是你對這件事情的「想法／信念（Beliefs）」，這才是決定個人會產生甚麼樣的情緒C的關鍵。

事件 → 想法 → 情緒
A　　B　　C

而每一種不同的情緒C1，都是由不同的想法B1所導致的。所以不同的情緒，一定關乎到不同的想法，是需要一一被你自己挖掘出來的；而同一種情緒，也可能是數種不同想法共同導致的。

A → B1 → C1

→ B2 → C2

→ B3 → C3

．．

．．

（以此類推）

斯多葛學派的哲學家皇帝，馬可．奧里略（Marcus Aurelius）的一段話，恰巧可以為此做個很好的總結：「**如果你因為任何外在事務而苦惱，那麼，你的痛苦並非來自那些事物本身，而在於你怎麼看待它們。正因如此，你具備了隨時可以消弭這些苦的力量。**」

這其實就是當代心理學界主流認知學派的中心思想。從來就不是外在的人事物造成你的情緒，而是你對這些事件與發生的主觀解讀和想法，你根深蒂固的價值觀與信念，是這些籠統稱之為「想法／信念／意念」的念頭，決定了你的感受。也因而，你相當程度能夠主導並轉換你自己的「情緒」。即便僅是透過「理智」的層面。

現代心理學之父，威廉．詹姆斯（Williams James）曾說過，「相信此生是值得過的，那麼你的信念就會幫助你創造這個事實。」這句話一點也不假。而「我們這個時代最偉大的發現，便是人類可以藉由改變想法的品質來改變人生的品質。」

祕密與吸引力法則，近些年來大行其道，自有其道理。整個世代逐漸側重的，是「意念」與「信念」的人類心靈力量。

從 ABC model 來看「情緒」調節

事件 → 想法 → 情緒

A　B　C

由此概念架構來看，則我們至少有三種方式能夠改變並轉換情緒。第一種方式是「改變

A」，也就是嘗試去改變外在的人、事、物；第二種則是「轉換B」，在多種可置換的想法中，選擇一些讓自己更有力量、更能產生正面感受的思想；第三種則是「調節C」，亦即直接針對情緒來作處理。

（1）改變「外在人事物A」

「外在人事物A」分成三種：「不可改變的A」、「可改變的A」、與「介於兩者之間的A」。

「不可改變的A」，好比親人過世、聯考落榜、車禍中摔斷了腿並需要一陣子的復健等，是已發生且無法扭轉的事實。因而我們根本上無法透過改變「不可改變的A」來調節情緒，此時僅能藉由「轉換B」或「調節C」來平撫心情。然而許多人卻會陷溺在，試圖扭轉A與爭辯A該不該發生的狀態裡，徒然耗費許多能量，情緒依舊不得平緩。

「可改變的A」，像是考試成績、體重、特定技能等，也許需要你一定的決心和努力，但確是操之在你。這個時候，若迴避去改變「可改變的A」，只是徒然透過「轉換B」或「調節C」來調整情緒，自我安慰、得過且過，終會有負面後果。好比你因為根本沒唸書而考不好，成績出來卻又沮喪、又擔憂自己不能畢業，此時你真正該做的是「問題解決」，改變「可改變的A」，而非僅是藉由B和C來調節情緒。你當然可以一起進行，但此時藉由B和C調節情緒的目的是使自己狀態的更為平穩，從而更有利於「改變A」的行動的推展，而非試圖迴避A。

世上絕大多數的事情，則是「介於兩者之間的」。似乎可以有一些著力，但結果並非全然操之在此。挽回外遇的伴侶、對一個始終不愛自己的人求愛、在一家無法發揮自己天賦及貢獻的公司工作等，皆屬這樣的情況。聖方濟（Saint Francis of Assisi）有一則著名的祈禱文，便是在說明「區辨」事件A是否可改變的困難，他向神祈求：「神哪，請賜我力量平靜地接受無法改變的事物。請賜我勇氣改變可改變或應改變的事物。請賜我智慧分辨這兩者。」

這確實需要「智慧」。知曉當你努力到什麼程度A依舊無法轉變時，該是「放下」的時刻了。第三章我會告訴你，如何在關係裡設立自己健康的界線，並能堅定執行。「停損」不僅在金融操作中是盈利的必須，在關係與生命裡亦然；即便就靈性修持而言，保護自己離開某些病態的關係，依舊是你必須採取的俗世層面的行動。

整體來說，「改變A」是許多人錯誤投注心力的地方。也就是「**期待外界的人事物能有所不同，從而使自己的感受變好**」，或者「**認定外界的人事物，需要為自己的情緒或狀態負責」，這也就是「受害者」意識的由來**。前面已說過，「從來就不是外在的人事物，造成你的情緒」，而是你自己的「想法」——再更細緻地區分，則是你知覺（perceiving）事件的方式、詮釋（interpreting）事件的方式、以及對世界、他人與自己的深層信念，打造了你所在的地獄或天堂。

與其致力於改變他人（其實你無權這樣做），或期待對方終有一日能夠改變，如此「將你喜樂的鑰匙交予他人」，不如主動拿回這把鑰匙。這些權力是你讓渡出去的，自然也只有你才能將其取回。把焦點拉回自己身上。當你的情緒只與你的想法有關時，透過想法的釐清、調整、轉化與超越，你便能夠真正開始做你情緒與生命的主人。

（2）調節「情緒C」——短期情緒紓解 vs. 真正的經驗轉化

以「情緒調節」取代「情緒管理」

在此，我要先跳出來談一下「情緒管理」（emotional management）本身的侷限。過去我也曾在不同單位講述「情緒管理」的主題，但這些年來越來越覺得，這並不是一個恰當的、談論情緒的概念。

當我們沿用「商業管理」的概念來處遇情緒時，預設了「情緒」本身是一種需要被「管束」、「控制」的事物。而眾多情緒管理的方式，好比「轉移注意力」、時常被誤用的「正向思考」，細究起來，其實比較像是在迴避情緒或抗拒情緒，忽略它、否定它、打壓它並且在未能充分傾聽前便試圖以其他想法取而代之等。

這種「管理」的思維，一方面並未尊重到「情緒」本身的豐富內涵，另方面則隱含有「崇尚理性而貶抑感性」的意味，亦即理性才是值得被追求的，低層且流動的情感、情緒，需要被冷靜且高階的理性約束管制、妥當治理。事實上，理性與感性是同等重要的。「頭腦掌控了一切」的生命，依舊是失衡的生命。真正的平衡會是，頭腦僅是適時、適度地發揮它的功能。因而，**人們需要先去擁抱與傾聽自身的情緒，繼而再有適切地「調節」或「引導」，「情緒調節」（emotional regulation）會比「情緒管理」更能貼近情緒的本質與療癒的真義。**

「短期情緒紓解」無法真正化解情緒

「短期情緒紓解」的方式，常常無法真正化解情緒，更遑論覺察到痛苦的根源，了結未竟事物。短期紓解多半只是暫時性的能量釋放或轉移。這些方式諸如：埋首工作、看電視、吃東西、大量的睡眠、看書、看電影、唱歌、購物、運動、渡假、喝酒、使用藥物、來場短暫刺激的性愛等等。

這些方式之所以產生短暫的效果，主要是由於你的「注意力」從讓你傷心痛楚的事情上轉移開來了，其次是某些活動本身能夠促進與正向情緒有關的神經傳導物質的分泌（好比食物、運動、性愛等等），另外則有一種更為健康的狀況，卻較少發生，也就是這個「空檔」，使你補充了能量、有了新的心理與思考空間，再「重新回來」探索並處理這些糾葛且強烈的感受，真正去探索及面對分手的傷心、親人過世的痛苦等情緒的根源，使新的自我覺察和洞見有機會產生，繼而真正化解這些情緒。

可惜的是，大多數人使用「短期情緒紓解」僅停留在「轉移注意力」這個層面。**對於生活中微小的不如意，或許暫時是可行的**（註5）；之於生命中重大的失落與創傷，顯然卻是不足的。

即便是微小的失落，當未被處理且總是被轉移而累積了一定的量時，就像沒有被關閉的電腦程式一樣，即便未顯露在工作列（意識）上，其實仍舊佔據著一定比例的記憶體空間，並影響整台電腦的運作效能。若是某一天，再有一個較大的失落發生，或者僅是一件微不足道的小事，可能便成為「壓倒駱駝的最後一根稻草」，有些當事人猝不及防亦不知其所以然地，就此沈落到生命的深淵裡，爆發成中重度的憂鬱和絕望感受。

然而，到底要如何真正地與情緒在一起？去經驗它與觀照它呢？

如何去經驗你的情緒？——靜觀浪潮的來去，運用呼吸與保持覺知

首先，**你必須得要「拿掉所有的批判與評價」**（好的或壞的／糟糕的、應該的或不應該的、堅強的或軟弱的、聰明的或愚蠢的……），並且「放掉你的形象」。這些批判與對形象的顧忌，會使得你完全無法安然與你的情緒在一起，只會不斷地從你的原始情緒中分心出來。因而，你需要為自己找一個安全的地方與空間。

再者，**你需要先釐清並解決你自己對於「去經驗情緒的恐懼」與其他阻礙**。好比擔心太過痛苦而無法承受、恐懼這些感覺永無止盡、害怕自己失控等。若需要的話，請受過訓練的專業人士協助你。請記得，所有的感覺都是有止盡的，同時你可以自行調控去經驗的步調與分量。允許感覺自然地流動浮現，那是很健康的，除非你曾經有過痛苦到自傷或傷人的行為、出現解離狀態，或者雖努力嘗試仍無法自行從情緒中脫離出來，那麼，請為你自己求援。

此外，**循序漸進地進行，一點一滴地增加你對情緒痛苦的忍耐程度**，倡導辯證行為療法（Dialectical Behavior Therapy，簡稱 DBT）的國際心理治療大師，瑪莎・林納涵（Marsha Linehan），把它稱作「情緒／痛苦耐受性」（distress tolerance）」，是與「挫折耐受性」類似的概念。而倘若是對於情緒感受「高度敏感」的人（註6），則需要額外學習「忍耐情緒痛苦」的特定技巧。基本上，「辯證行為療法」對於邊緣性人格類型、高度情緒敏感、容易被情緒

淹沒的人，具有相當好的療效，其所提供的教導與步驟，是清楚且實用的。

你需要理解情緒的來去，就如同潮水或波浪一般，不斷有潮起與潮落的時刻。日復如此。**當浪潮湧來的時候，你需要的是靜觀與如實接納，賦予不帶評價的純然關注與留意，而當浪潮退去的時候，你則適時放手，不作強留。**許多人會試圖留住情緒，正面與負面感受皆然，通常有些特定原因（註7）。然而，真正的「去經驗」是：情緒來時，你不再嘗試擺脫、抵抗、把它推開，也並不隨順著「反應」，僅僅是靜觀並涵容其發生；情緒消褪時，也不緊抓著不放、執意浸潤在裡頭、甚至轉而增強它，同樣也是靜觀它的離開。

我們對於「情緒」所能有的決定，不在於它是否發生，或者何時發生、何時結束。情緒體現了「無常」，有所起伏是自然的。同時你也無法窮盡處理所有埋藏在你潛意識中的程式、非理性信念等。會觸動或引發你情緒的原因很多。臨床上有些長期情緒困擾的個案，服藥多年效果依舊有限，通常都能發現，其對情緒有某些不合理的期待與目標設定。一方面，這些當事人雖深為情緒所苦，實則從未能真正去經驗情緒，這些情緒因此也無從化解消融。二方面，其多半會期待或努力於施加各種控制（包含某些迴避策略），為的是「不讓情緒產生」。好比有個年輕女孩，每日起床多會經歷數十分鐘到兩小時的焦慮襲擊，有時甚至達恐慌程度，而那個啟動的旋鈕，多半是她開始「預期性地擔憂」：「今天好漫長，我能不能控制好情緒不要跌盪起伏？」、「要是在某節上課時間『發作』了怎麼辦？會給大家造成困擾……」於是，她通常還來不及做些什麼，就只是醒著，便耗盡了驚人的能量與心力在『ㄍㄧㄥ住』不要有情緒，結果自然是什麼都沒做就先累癱了，或者勉力撐持住完成事情後，直接崩潰，再吃藥躺床數天。

不需要去對「情緒的產生」施加控制或強行抵抗，那也不是你能夠全然掌控的，聚焦於此只會徒然耗費你的生命能量，同時加強了情緒反撲的力道並延長它停留的時間。**你真正能夠掌控的，是如何「回應」湧起的情緒**，使你既能領受其豐碩，發掘內在深層的自我與力量，同時又不加重或延長痛苦的存續。你可以把它想成前述的浪潮、飄過天空的白雲，或者就只是一股流經你的能量。你能做的最有助益的事，是學習靜觀與承接，與它同在，再靜觀它的消褪與離去。

身體才是潛意識與情緒的大本營

最後，我要簡單再提一點，**你的身體才是你潛意識與情緒的大本營**。近年有許多關於「細胞記憶」的研究，發現記憶並非僅儲存在大腦裡，而是可能儲存在全身的每個細胞當中，也包括內臟器官的細胞。這些記憶，基本上是以「圖像」形式儲存，本質上比較像是一種能量，而非過去所以為的，以生理組織的型態存在。因而，與情緒有關的大量記憶，部分是儲存在身體細胞裡頭的。

我們的身體蘊藏著與生俱來的智慧，你的每一個細胞都有促進平衡、療癒及再生的本能。一些人因而致力於研究，如何重新啟動身體本然具有、卻因某些因素被關閉了的療癒機制。其中，在全世界推廣「身體創傷工作」並榮獲美國身體心理治療協會終身成就獎的彼得·列文（Peter A. Levine），便是透過十二個步驟循序漸進地釋放「凍結在身體中的能量」，來有效地療癒創傷（註8）。而這個過程，可以是不經過頭腦，亦即不需要大量認知的處理。也不需要去回憶或記起該事件與其細節。唯必須開始與身體恢復連結，透過感受覺知進入「身體記憶」，學習身體語言以及安全地釋放這些，在遭遇威脅時卻未被使用到後卻殘留並卡在身體當中的生存能量。

我會傾向於認為，這是屬於「調節C」的做法，透過釋放凍結在身體中的能量，重新恢復受創者與自身身體的連結來直接處理創傷。而當那股凍結的能量能夠開始流動釋放時，你的情緒也就開始消融轉變了。

上述有關情緒經驗和釋放的預備工作完成後，你便可以開啟你的旅程了。

跳入老虎口中——如實去經驗你的情緒

首先，選擇一個安靜不被打擾、讓你覺得安全舒適的空間與時間，允許你本有的情緒自然地浮現。

透過「去感知身體」與「呼吸」，這兩個很重要的媒介，來協助自己維持觀照整個過程的父性意識，保持覺知。好比當你感覺到一股深沈的哀傷時，試著去感受，哀傷在身體的哪個部位？抑或去感覺你的身體正有著什麼樣的反應？胸口灼熱緊繃，胃部扭攪，喉頭乾澀緊縮，頭皮發麻刺痛……找到你哀傷所在的那個部位，與它貼近同在，你甚至可以把手放在上面。你可以試著在心裡用「語言」簡單描繪，但重點是，全神貫注地去感覺它，與這個哀傷在一起。

允許你的感覺自然而然地開始浮現、流動，身體發熱或發冷、眼淚滂沱而下、喉中發出聲音、自發性地顫抖……都是自然的。依照你自己目前的「情緒耐受性」，來調節這個時間長短。可以是幾十秒，也可以是數十分鐘。

透過「呼吸」來保持你的觀照意識並同時與它連結。吸氣的時候，用你吸進來的氣去碰觸那個悲傷的身體部位，吐氣的時候則在它的周圍拓展出一個空間，允許它存在，讓這個你拓出的空間溫柔地包圍著它。如此反覆。直到你能好好地與這個情緒連結。

試著去傾聽並理解你的情緒的內涵……「我沈浸在好深好深的哀傷裡……我感覺被丟掉了……似乎我再怎麼努力都得不到愛，我永遠都會是最先被放棄的那一個……我好孤單，無所依靠的感覺讓好害怕……」。隨著內涵被你理解，你會有更多的情緒湧現而出，接著也許更多、更深的理解。保持與它們在一起，溫柔地承接與同在。讓眼淚與呼吸都能夠流動。

讓情緒好好地釋放一陣子，感覺到比較輕鬆了、哭過癮了，接著可以調節你的呼吸。吸氣的時候，用力地吸進你最大的包容與慈悲，吐氣的時候，感覺妳好像整個人浸潤在這股龐大深厚的溫柔與慈悲當中。反覆數次，直到妳靜靜地棲息在這股平靜與關愛當中。

或者，你也可以透過「視覺化」你內在的母親，充滿力量與愛的一個存在，以你所渴望的方式撫慰此刻的妳。好比你想像著自己溫柔地被母親擁入懷中，她告訴你：「XX，我都了解，在這個過程中，我一直看著你也一直陪伴著你……我在這裡……你不需要特別做些什麼，我本就愛著你……」。棲息在內在母親的懷裡，讓她的低語進駐到心裡，直到你覺得被撫慰與平靜下來。

你也可以像藏傳佛教的灌頂儀式那般，想像一道在你頭頂之上數公分的白光，從頭到腳浸潤著你，在那白光之中，有著神聖的療癒能量，滋養、慈悲和源源不絕的愛，進入你的身體並充盈著你。

當情緒能夠被你自己這樣地經驗並釋放後，你便為自己清出了一個清明的空間，開始有機會去看到，你的痛苦真正的根源。

針對「疏離型——習慣與情緒保持距離且較難去感覺的人」的特別叮嚀

對於習慣壓抑，比較難去感受到自己的感覺的人們而言，在上述的方式之外，可能還需要藉由以下幾個重點，來幫忙自己：

◆預備工作：需要先行處理多年來讓你與自身情緒疏離至此的那些阻礙性想法、內在批判，以及對情緒或失控的恐懼。

◆你更需要「循序漸進」。放緩速度，調小劑量，一點一滴地增加你的「情緒耐受性」，直到較為熟悉與情緒同在的感覺，能承受更多了，下次再往前進一點。

◆你可能需要幾種方式協助你自己接觸內在的感受，這些「誘發情緒」的方式包含：

1 回想或冥想：透過對事件的細節回憶，人、事、時、地、物，好比在冥想中回到當時那個房子，周遭有什麼樣的擺設，溫度如何，有誰在這個屋子裡等，去貼近事件和感受。或者透過想像當事人的臉孔與表情，看著他的眼睛，去記起和連結自己當時的感覺。重點完全不在於事件的細節與經過，這些只是幫助你靠近那個狀態，連結你曾經有過的明確且強烈的感受。當你找到那個情緒後，就可以把人事物拋開，轉而專心聚焦在你的感受裡，去經驗、陪伴那個情緒。

2身體：從「身體」連結你的情緒，你可以專注地去感受身體上緊繃、疼痛、酸、麻、悶、針刺感的部位，在很寧靜的狀態裡去傾聽，如果它會說話的話，它透過這個痛在說些什麼？或是透過前述的「呼吸法」，去碰觸這些部位，並拓展出空間允許它存在，而你傾聽並同在。此外，「按摩」也是一種非常好的貼近身體與情緒的方式，你感到疼痛酸麻的那些部位，通常都蓄積了未能流動的能量與情緒在裡頭。

3姿勢：透過讓身體刻意擺放出某些「姿勢」，而誘發你的回憶與情緒。

4聲音：對於某些連掉淚都很壓抑安靜的當事人，有時可藉由吐氣時刻意「發出聲音」，從而更深地誘導出埋藏的情緒。

5味道：味道通常連結了許多記憶。可主動透過嗅聞某些氣味，幫助自己進入情緒裡。

針對「陷溺型——情緒多，且容易被情緒淹沒的人」的特別叮嚀

較嚴重的情形，仍是請你在專業的協助下進行。其餘的，除卻前述的方式外，你還必須加強以下數點：

◆保持「覺知」，一分觀照全局的意識，是不被情緒淹沒席捲的重要關鍵。你可以透過以下的方式：

1將情緒聚焦在「身體的某一部位」，從而更好地保有意識。好比你的憤怒在你的胃部，這樣的方式能幫助你體認到，情緒並不等同於你，它只是你的一部分，或者，只是一股短暫流經你的能量而已。

2透過在情緒湧來的同時，持續地辨認該情緒的內涵為何，並嘗試以語言來描繪陳述時，你已經開啟了重要的一步，亦即開始「離開」那個情緒。你不再與它融合，而是開始從一個比較外圍寬廣的角度來觀察它。

3學習一些特定技能，協助自己在危急時刻能從被淹沒的情緒當中立即回到當下，好比「安心穩步技術」（Grounding skills）。透過將注意力拉回到身體的「五感」，刻意去感知周遭的環境與當下，從而由情緒中脫離出來。

4學習不對情緒作出任何「反應」。情緒並非真理，你不必依順它而行動。你只是單純地經驗它與觀察它。

◆你需要限定你自己，充分經驗情緒的時間。好比僅限定在一天當中的某個特定時刻，一次一小時等。只有在這個時刻，你才能讓你自己全然專注在情緒上。其餘的時間，你得學習擱置情緒，將全數的注意力與感官都集中在眼前所從事的活動上。

◆刻意鍛鍊你的「注意力」。對你當下所作的事情，百分之百的投入與參與。你需要盡你所能地，用上你所有的技巧與專注，將你當下在做的事，做到最好！

◆特別去學習一些「與情緒反向的行為」，刻意去轉變你過多的負面情緒。你需要在去找到適合你自己的、能夠有效轉移你的心思的「短期正向活動」，同時也去找到並刻意去從事「能誘發你長期正向情緒」的活動與行為。

◆在平日即進行一些冥想的練習，好比學習「紮根冥想」（Grounding meditation）」，讓你更能安住在身體內，並紮根在大地上。

（3）轉換「想法B」——找出並調整錯誤信念，「重新框架」與「認知重建構」

影響你極其深遠的「核心信念」（註9），泰半埋藏在潛意識裡。透過「情緒」這樣的窗口，你往往可以挖掘到你自己很重要的「核心信念」。當情緒能量部分被釋放後，接下來你可以專注於此部分的檢視與修持。

有一些想法，確實比另外一些想法，更容易造成困擾的情緒。在此我要先說明一下「困擾的情緒」，我指的並非「負面情緒」，前面已經說過，這是自然且正常的情緒。一般我們所指稱的「困擾情緒」，指的都是「持續的時間太長」（duration）、「強度過強」（strength）、或「影響的層面太廣」（influence），而非一段時間過後即逐漸消逝的負面情緒反應。這些較極端且造成重大困難的情緒的產生，多半與個體所持有的「非理性信念」或「扭曲的思考模式」有深切的關連。

在下一章裡，我會以外遇中常見的幾種情緒為例，簡單地說明，當你自己的想法／信念有機會被你清楚覺察並仔細檢驗時，你便能夠透過「重新框架」（reframing）與「認知重建構」（cognitive reconstructive），全然轉化、消融你的情緒。

多位心理工作者或療癒者都曾提及，有一些人，很喜歡釋放負面情緒，也很能在各種療癒或靈修課程裡大哭大叫、淋漓盡致地宣洩感受，卻從來未能在這個過程裡獲得洞見與智慧。即便已為同樣的事情哭上多次，這些人仍是認為，「自己的痛苦是別人的錯」，依舊停留在批判與責怪他人的「受害者狀態」。由於無法看清楚自己痛苦的根源，更無法意識到自己對此問題的責任，也就始終卡在這個階段裡走不出來。

當你如實經驗並釋放了情緒，重新擁有新的心理空間時，你需要回過來頭仔細檢視，「**你的那一部分是什麼？**」你如何促成了這樣的事件發生在你生命中？你有什麼樣的缺點或弱點，致使你會進入與這個人的關係裡？你的什麼部分，讓你會與朋友簽下這個被騙的契約？或者，導致此次的衝突？

透過問自己，「**倘若生命中的每一個衝突或發生至少都有我一半的參與，那麼，我的那一半是什麼？**」，「**我的什麼樣的缺點與弱點，讓我吸引了這樣的事情，在我生命裡造成這麼大的痛苦？**」，你將會有深刻的知曉與洞見。

2-3 創傷的療癒——外在與內在足夠的「安全感」

創傷的復原歷程與哀悼任務

美國性與家庭暴力創傷研究的先驅學者之一朱蒂斯・赫曼（Judith Lewis Herman）認為，「被剝奪權力」和「與他人隔離」是心理創傷的核心經驗，因此復原的任務會以「恢復受創者權力」和「建立新的健康關係」（註10）為主。她表示，復原工作大致分三個階段展開（註11）：第一階段最重要的工作便是「**建立安全感**」。第二階段則是「**哀悼**」，**你需要去哀悼「你失去的」，以及「你從未曾有機會擁有的」。後者聽起來很奇怪，也時常被人們忽略，但卻很重要。**第三階段是「**與正常生活的再聯繫**」。

即便十多年來對創傷的認識與研究有了長足的進展，甚至有些人開始認為，創傷本質上是一種伴隨心理作用的生理／身體過程，然而赫曼仍是很精確地捕捉到了創傷的心理特性，同時也提點了復原過程中重要的心理任務。治療如何進行，則是另一層面的議題。

致力於臨終疾病與悲傷研究的哈佛醫學院教授威廉・沃登（J. William Worden）更進一步點出，悲傷輔導與治療的過程中，有四個具體的「哀悼」任務，分別是：「接受失落的事實」、「經驗悲傷的痛苦」、「重新適應一個逝者（或分離者）不存在的環境」，以及「將情緒的活力重新投注在其它關係上」。而「重建生活安全感與規律」，則相當有助於哀悼歷程的開展與四項重要任務的進行。

「**安全感的重建**」，是一切療癒發生的基礎。由於創傷是如此殘酷地剝奪了人們的權力和控制感，復還這些權力與控制感便是復原的第一步。與此同時，受創者也必須是自己復原工作的發動者和仲裁者。除此之外，治療無從開展。

安全感是療癒發生的地基

個體內在與外在的「安全感」，是療癒過程中不可或缺的地基。當地基沒有打穩，或者不斷地遭受撞擊與晃動時，療癒是不可能發生的。因此在外遇始終沒有結束的婚姻裡，若受創與外遇有關，則療癒其實無從開展；暴力仍不斷發生的關係裡，復原亦顯頊難行。

此種安全感的建立，從最基本的「**身體的安全**」開始，包括：保護身體免於受傷，基本生理需求的滿足（好比規律飲食和均衡營養、充足且規律的睡眠、適度運動……）、自我傷害行為的控制等。從身體再逐漸拓展到「**環境的安全**」，舉如：物理空間的安全、穩定的經濟、免於二度傷害的支持性環境與關係等等。當受創者開始能夠對身體與環境感到安全、恢復部分控制力後，再進展到個體「內在安全感」的重建。

2-4 療癒的完成

學生時期讀過一段 Mark Wolynn（1986）的詩句，個人以為，那真是整個哀悼工作完成的典型描述。儘管哀悼歷程其實並沒有一個真正的盡頭，但這首詩仍是貼切地描繪出一個里程，平淡無奇的敘事裡有著深遠蘊藉（原諒我粗糙翻譯如下）：

Tonight, I go into the graveyard,（今夜，我來到了墓地。）
Where nothing is loose, not even God,（在那兒，所有的一切都是秩序井然的，即便上帝。）
And under a few stars I shout out,（星子零落的夜空底下，我出聲吶喊，）
And wait, and shout again,（而後等待，接著再一次地吶喊。）
My joy insurmountable, as nothing,（我感到無法自衿的喜悅，）
Nothing at all, return.（當沒有任何一些什麼，任何一些，再度回返。）

對於受創者，那樣的驚詫恐怕在於，「無法自抑、自衿的喜悅」（joy insurmountable）」，回返墓地的當口，你總是預期著席捲而來的悲傷、思念、懊悔、激動、痛楚……甚或其它的一些什麼，然而，回應你的，卻只有四周的平靜，「沒有任何一些什麼，再度回返」。那是已然止息的，不再喧騰的悲傷。而這未必意味著受創者遺忘、丟棄或背棄了逝者，不如說是那已成為豐實受創者生命的一部分，如今他或她攜帶著這些繼續前進。

療癒的完成，可以從以下幾個簡單實用的面向來檢視。好比，**你已不介意再度提起；回憶這些過往事件時，內在並未有相應的情緒產生，或者已較初時淡薄了許多，抑或由深沈的痛楚哀傷轉而為遺憾；你同時能夠看到並記得，關係中的美好與不美好**，而非過度側重其中一端；此外，**你能持平地看到兩造的責任，同時願意為你自己這部分負責**。

若還想要去「證明自己」，證明自己也能得到愛，證明自己也可以過得很好，證明自己也能有很大的成功，抑或，想像有一天對方將會如何後悔放棄了自己……這些其實都是療癒尚未完成的指標。想要與需要去「證明」的背後，仍是恐懼與匱乏，因為唯有在你自覺缺了什麼的時候，你才需要去證明；也只有在你猶想獲得他人或特定人士的肯定、認同、與愛時，你才需要去證明。

未成熟的寬恕——不被允許存在的憤怒

我常常在當事人身上看到一種，我稱之為「未成熟的寬恕」（immature forgiveness）的現象。對於遭逢外遇的原配而言，好比其在配偶根本尚未能如實坦誠外遇、未結束外遇、未有真摯歉意並付諸行動彌補、未承諾參與關係修復的漫長歷程之前，便迫不及待地想原諒，認定自己要寬恕與放下。或者是伴侶雙方過快地，想讓外遇這場衝擊事過境遷，其實都是很表面的，對關係而言，也未必是健康的現象。

「未成熟的寬恕」背後，經常是「無法感受或表達憤怒」的議題，東方社會的女性特別會有這種對健康表達憤怒的恐懼與懷疑，害怕自己內在存有這樣的黑暗，更害怕讓這樣的黑暗展露出來，因而不斷要自己寬囿、原諒。此外便是，**對失去這段關係與被拋下的恐懼，致使其「一廂情願地想原諒」**。這從來就不是真正的寬恕與放下。

真正的寬恕是發生在療癒完成以後，並且是很自然就發生了。寬恕，就如同愛一般，只能是一種發生。當你的傷痛已被徹底療癒之時，不再有痛楚、不再有恨、不再有遺憾，原諒自然也就來臨了。就算對方從來不曾有過悔意、真摯的道歉、或彌補（註12），寬恕依舊會發生。這一直是內在個人的事。

因而，你真正要致力的是，自我療癒，而不是過早且強求的寬囿。

療癒是獨一無二的旅程

最後，要強調的是，每一個人面對失落與傷痛的方式，以及復原之途的路徑，仍是獨特的。而有關創傷與失落的意義創造及轉化，需要受創者主動搜索並尋找，每一個人的故事看似相近實則不盡相同。沒有絕對的對或錯，好與壞，優與劣，只有受創者與自己、與他人以及與世界關係的重新調整。

註1：「找東西來取代失去的」，以分手為例，便是很快地再交一個男女朋友來取代失去的戀情。通常那都會是很糟糕的關係。

註2：「獨自傷心」指一個人靜一靜。這一點我比較持保留態度。因為每一個人療傷與哀悼的方式是不盡相同的。不見得每一位傷心人、在每一個時刻，都會想要與人分享、或者想要他人的陪伴。因而，是否讓傷心人自己一個人靜一靜，是因時、因人制宜的。對關心的人來說，可能有幫助的一個做法是，讓傷心人知道，當他想要傾訴與陪伴時，你會很樂意。抑或在更進一步地開啟話題或提供陪伴之前，先徵詢他的同意，並尊重他在任何時刻想停止與獨自安靜。

註3：好多個案曾表示，當他難過的時候就會覺得自己是非常懦弱、也非常糟糕的，或者非常不喜歡自己這種脆弱易受傷的感覺。

註4：「教養」之所以很難教給父母或者協助父母調整，正是因為它根本上離不開「自己」，臨床工作上我經常覺得與父母談話遠比和孩子治療費力許多，有時便是這個緣故；然而父母若能夠也願意做出調整，抑或學習更適合自己孩子的引導方式，則孩子的進步會是非常快速且明顯的，

能加速整個療程的進行。

註5：一般人使用的「轉移注意力」，與治療中要當事人刻意去學習從事「誘發正向心情的活動」，是有些不同的，倘若當事人有過度陷溺於情緒中的情形，這是必須有的調節的一部分。兩者的不同，在於「使用時機」、「活動的選擇」、「與其他有效處理的搭配」等等。

註6：對情緒感受「高度敏感」的人，可能具備三種特性，分別是：「低閾值」（微小或中性的刺激便能觸發反應）、「高強度」（情緒反應較一般強烈），與「較長的恢復期」（好比從生氣到恢復平靜需要比一般更長的時間，也許數天或數週，情緒持續的時間較長）。整體而言，便是容易有情緒，情緒強度大，同時持續的時間長，三者具備其一，即是對情緒「高度敏感」。

註7：會想留住正面情緒，好比捨不得喜悅的時光就這麼結束了、害怕再也感受不到這樣的快樂等。蓄意留住負面情緒，諸如有些人認為憂鬱痛苦是比較有深度的，快樂是輕浮的、停留在某情緒裡，用以迴避另一種個人覺得更痛苦的情緒、用來報復與折騰他人等。

註8：當動物與人類在面臨受威脅或可能死亡的情境時，會出現三種反應，「戰鬥」、「逃跑」、或「凍結」。「凍結」也是自我防禦的一種方式，對於比較弱小、或者打和逃都不可行的時候，凍結反應是經常被使用的。一方面狩獵者可能認為獵物已死亡而放棄，動物因而逃過一劫，另方面若在凍結狀態下被殺，也較無死亡過程中可能感受到的驚恐和痛苦。而動物們在威脅解除後，都會有極其自然且重要的，釋放凍結能量的本能反應，通常是劇烈的自發性震動、顫抖、和特殊的呼吸方式，抖掉這些在緊急狀況累積和上揚的能量。倘若在威脅解除後沒有這個顫抖與特殊呼吸的過程，動物會死亡，而人類則是神經系統與身體不斷地有反應，彷彿一直都還在受威

脅的緊急情境中那般。

何以人類無法從凍結中的狀態恢復呢？動物沒有理智的頭腦，不會考慮，就只是依順本能行動。但人類卻會阻擋或評斷本能的發生，由於從凍結狀態中恢復，可能是極度充滿能量的經驗，人們對可能對自己釋放時能量的強度與潛在的攻擊性感到害怕，因而費力去壓抑這個感覺與過程。未能全然釋放的能量儲存在神經系統中，便以創傷症狀的形式出現。

註9：所謂「信念」是比「想法」更教你深信不疑的那些觀點。而「核心信念」，更是影響你待人處事、生活所有層面的重要價值觀。

註10：新的關係必須是健康的，具備基本的信任、尊重、自主、認同、和親密，能夠重建當事人被創傷經驗損傷或扭曲的自我觀感和心理機能。嚴重受創或兒時遭受依附創傷的當事人，經常是透過先與專業的治療師建立起第一分安全信賴的關係，從而再將此種信賴與健康的關係模式拓展到生活中。

註11：這僅是一個方便的區分，而非必然的進程。創傷症狀本就有搖擺不定和反覆辨證的特性，因而復原多以螺旋方式前進。

註12：對方的道歉與彌補，就個人內在層面與寬恕來說，其實一點也不重要。當療癒真正發生之後，你不會因為錯待你的人，始終沒能跟你道歉，或者已不在世上，而無法寬恕。然而，對此段關係的修復與和好，與這個人的再度親近與重建信任來說，則攸關重大。

第3章
外遇的發現與處理

這原來只是一個再普通不過的日子……轉眼間卻成為一場遙望不到終點、漆黑漫長的夢魘的開端。

一定是哪裡弄錯了。你是這麼這麼地努力，竭盡所能地經營這個家……誰的婚姻都可能有外遇，但那怎麼可能是你？

你克制不住地全身發抖。思緒如麻繩般攪扭成一團。胸口像煨著一團火，灼燙炙熱，指端卻冰冷如彈珠。

誰來告訴我，這一切都不是真的？ 你祈求著。如果這是一場惡夢，老天，請讓我快點醒來吧。

3-1 親愛的，妳／你沒有瘋

你有各種紛至沓來、強烈的情緒浪潮……那都是正常的。**那也是「創傷事件」不同於「一般事件」的重要部分，創傷事件蘊含了一種特性，亦即「壓倒了個體正常的調適能力」**。原來對你來說輕而易舉的事情，突然之間變得費力、易出錯、且困難。最令人煎熬的是，還可能會持續好長一段時間（註1）。

你也可能感受不到任何情緒。就像生物遭逢生命威脅時自行啟動的保護機制一般，我們也叫做「凍結」，你所有的感覺暫時都被關閉了，你的心將你與潛在的巨大傷害隔離。若持續的時間太長，親愛的，請你務必為自己尋求協助。

你或許會想立刻與另一半當面對質，弄清楚事實為何、他怎能做出這樣的事。絕大多數情況下，我都想請你先緩一緩，稍稍克制與按捺想與對方攤牌對質的衝動。在你情緒、思考如此激動且混亂的情況下，試圖進行澄清與對談，極有可能反會帶來一些對親密關係的傷害、對你自己的傷害，以及，使你處於較為不利的位置（好比確實有外遇的伴侶開始有所防備等）。因而，**你首先需要做的，其實是，平穩你自己**。

首先平穩你的情緒，再來思考相應做法

找個獨處的空間，攤開你的日記本，在街上獨自走路同時思考，或是聯繫你信賴的、獨屬於你的朋友，與他聊一聊。請注意，不是配偶的朋友，而是你的，若是兩人共通的友人，請先確認，這個人能夠為你保守祕密，且立場至少是中立的，而這兩者通常不是那麼容易做到。藉由特定方式抒發與平撫情緒，釐清你的思緒和意向。記得前一章提過的，對你內在孩子的關注與接納，以及如何在一定得離開情緒時，好比有重要工作必得進行，透過相對健康的方式將自己拉拔出來。

許多人在此時才赫然發覺，原來自己婚後竟與朋友疏遠至此。特別是女性，逐漸以夫家和先生的人際圈為中心，眼前要找一個自己信賴且保持聯繫的朋友，還真不容易。你可以嘗試恢復與數位舊交的情誼，往後並用心維繫。也可以暫時透過一個可信賴且專業足夠的心理治療師，藉由個別諮商協助你釐清混亂的思緒、用溫柔且尊重的方式梳理你的情感，爾後再共同商討適切的危機處理方式。

這段期間，真的很不好過。若是某些時刻，眼淚就湧上眼眶，那麼，就好好地哭幾場吧。有些當事人「不允許自己哭泣」，總是強忍著悲傷，認為「哭是弱者的表現」、「哭又不能解決問題」。別傻了，**「適度的」哭泣當然有助於問題的解決，在情緒高漲的情況下，人的**

智能是會退化的。唯有回到平穩的情緒，你的思緒才能維持清明與彈性。

淚水，是上帝賜給人們的一個禮物，讓每一個人的悲傷、哀痛和失落，有個自然且健康的出口。而真正的強者，是能夠明瞭每一個人都具備某些「脆弱性」，身體的、心理和靈性的，同時只要是與人的關係，越是親近敞開，越有受傷的可能。**「真正的堅強」**，需要透過看見、**承認，並接納自身的軟弱與傷痕，甚且對此感到由衷的謙卑，繼而才能有真正的撫慰及超越。**「偽裝的堅強」，則是假裝它們不存在，假裝它們不曾發生，抑或是把過多的力氣放在對外掩飾，甚至對自己遮掩，「嘿！我很好的，不用擔心。我已經復原了！」所有這些都是未能去擁抱低層的自我。

請你給予自己這些情緒充分的空間吧。嘗試去靠近與經驗這些情緒，與你內在的自我對話及連結。

接下來的日子，需要你慎重地思索、決斷與處理。親愛的，你將會經受好一段時日的折騰與痛苦，然而只要你不迴避，有一天你回過頭來時將會清楚看見，當中蘊含了多麼豐盛的愛與恩典。儘管現在的你真的難以體會。在這漆黑漫長的旅程中，「愛」始終圍繞在你周遭、與你一起。

3-2 遭逢外遇後的常見情緒

以下，我以自身的部分經驗做為例子。並不是所有遭逢外遇的人都一定具備同樣的情緒，或者在相同情緒裡具備同樣的內涵，也就是說，即使我們都感到哀傷，但讓我們傷心的內容卻可能是天差地遠的。每一個人的關係都是獨特的，無從也無須比較。隨著事件的進展，情緒的內涵亦會不斷地轉變。

我的感受與經驗僅供參考，重要的是你。因此你完全可以先略過這個章節，僅僅是去傾聽並貼近你的情緒，透過這些喧嚷的情感更深刻地認識自己。**你對自己內在的關注，便是給予你自己愛的開始。**

這些情緒，多半都有好些個轉折。每回以為走到一個盡頭了，在未預期之中，居然又翻轉向上進入另外一個層次。因而在未看見之前，我並不知道原來可以有這麼多的翻轉與層次的存在。

1. 困惑──「為什麼是我？」

「你一定要進入黑暗，才能展現你的光。」

～黛比・福特，《黑暗，也是一種力量》作者

在《靈魂的47首歌》中，蘇菲雅・布朗（Sylvia Browne）曾詢問她的指導靈藍欣，為什麼她必須要經歷這麼多的人生地獄？對方告訴她，「要不然妳如何同理這些人？更進一步幫助這些人？」蘇菲雅不解，「難道我不能透過閱讀知道這些事情嗎？」「不，」指導靈肯定地說，「妳就是必須要體驗它們。」

這是事情發生後，困擾我許久的一個問題：「我到底做了什麼？你要這樣對待我？」、「我到底做錯什麼，需要承受這些？」每一次興起這樣的困惑，我便與這個困惑在一起。很多時候發現，它背後其實是生活中的一些挫折。其實是我因為某些生活事件覺得「挫敗」，我把它歸咎在，我獨身一人需要照料孩子這個狀態上。無可否認地，這或許有些實際的影響，然而總不會是全部。更且，我總是能夠透過「將標準調降至合理的程度」來調節這個挫折，也就是，我的痛苦根本上是我自己創造的，我設立了不切實際的標準、或者不切實際的達成目標的速度，從而創造了我的挫折。因此，這種「獨身照料孩子」的不甘與憤怒，常是一種「生活挫敗」的「轉移」（displacement），白話的說就是「牽拖、牽怒」，

我轉移了憤怒的對象。而每當我有所意識時，就能主動鬆開這個連結，直接且純粹地專注在挫折本身，特別是相關的想法與感受裡頭。

直到兩、三年後，這樣的困惑才慢慢地減弱了。到今天，答案好像沒有那麼重要了。雖然我已有了一些，也許不是答案的知曉或詮釋，但它其實也沒有那麼重要。不過如果你好奇的話……我很願意與你分享。

這一切都是我的責任，我自己創造的

首先，我理解「這一切都是我的責任」。就像詹姆士．雷所說的：「**每一件出現在我世界中的事，都是我自己創造的，每一件事都是**」。

事情剛發生的那一年，如果有人這樣跟我說，我鐵定跟他翻臉。當時的我認為，「關係結束」雖是兩方都有責任，然「外遇行為」本身，卻全然是外遇者個人的議題。一方面是由於對許多人而言，這是個「慣性」，另一方面，身處同樣的關係、承受相近的張力與痛苦，非外遇的一方卻並非採取「與他人上床」這樣的方式來回應婚姻中的衝突與尚未能找到平衡的部分。因此我會認為，這與責難遭受性侵害者穿得太性感是一樣的，是對受傷害者極不公允的「再責備」，亦即我們所稱之的「二度傷害」。

然而，這件發生在我生命中的重大事件，卻實實在在是我自己創造的，許多層面都是。就最淺顯的那一面而言，這個人，我的前伴侶，是「我」選擇與他進入關係、成為配偶的。我在什麼樣的狀態下，會被當時的伴侶所觸動？是受到他身上何種特質的吸引？當時的我懷抱著什麼樣的動機進入這段關係？是否因為欠缺抑或試圖迴避什麼，而選擇投入愛情，並期待透過愛情來「滿足／圓滿」一些什麼？而我又是懷抱著什麼樣的意圖決定結婚？此外，為什麼我會選擇「相信」他所說的某些話語，「相信」他對外呈現的某些面向，而不是「信賴」我自己在某些短瞬時刻，「內裡所感覺到的事物」？

這些都只跟我當時的「生理──心理──靈性的狀態」（註2）、**「（生命中所有）關係的品質」**（註3）、**以及正在主導的「內在的渴慾」**有關。

即便外遇發生、關係也結束了，我在過程中感受到的心碎、受傷、憤怒等各式情緒，某種程度也是我自己創造的。我為什麼會如此傷心？記得嗎，親愛的，不是外遇行為讓你傷心，而是你對這件事的解讀、想法，你埋藏在其中的價值觀與需求，讓你傷心。

結束婚姻之後，生活的品質、經濟力的高低（我賺錢能力的高低，難道不是我自己該負責？）、能夠得到的人際支持與資源、喜樂與否、與孩子的關係，都是我自己創造的。

選擇相信：「任何事情的發生必有其目的，並有助於你」

有一種對生命的觀點是這樣的，「無論發生什麼事，那都是唯一會發生的事」，「每一件發生在你身上的事，都是來為你服務的，並且一直以來都是如此」。

這個觀點所要傳達的意涵是，所有發生的事，都是必須要發生的。你其實無法真的做些什麼，來阻止它的發生，抑或改變它的結果。而每一件這樣的事，都有它更深刻的意涵在裡頭，也許是為了讓你能夠成為更好的你、更寧靜喜悅、更慈悲的一場發生。

姑且不論其他，單就理性的立場來作分析，採取這樣的觀點自有它不可抹滅的好處，同時亦能促進復原的歷程。當你「選擇」這樣看待生命中的許多事物時，比較不容易陷溺於懊悔、遺憾、痛苦等情緒裡，抑或否認、抗拒、不斷反芻（註4）等心神的徒然耗費當中；**持有這樣的觀點，促使人們更快地「接納現狀」，接受事情已發生，且隱藏著深刻意義與恩典，繼而將珍貴的能量，用來「創造（探尋）意義」與重建生活**。

不管事件發生的真正原因為何，你都可以選擇相信，「**任何事情的發生必有其目的，並且有助於你**」這樣的信念。在此，我用「選擇」相信，是因為在眾多可供選擇的信念當中，這確實是一種理性評估過後有效且有力的觀點。即便此「先驗假設」本不為真，持有這樣的信念、並且堅定地據此行動，卻有極大可能促使它成真。就某種層面而言，事件的「意義」

本身，其實都是個體「創造」出來的。

「因果論」與「業力說」，其實也有類似的好處。讓人們心悅誠服地接納現狀，節省氣力，從而轉向當下，開啟善因、善業的播種。

「經驗」本身就是生命的目的，不是其他，就是「經驗」本身。人們陷溺於追求人為定義的「結果」，好比，「結婚」就是這段感情「有結果」，離婚或未走入婚姻的，就是「沒有結果」，不值一哂。窮盡畢生精力追求這些「名目上的結果」，以此相互比較，再花費許多努力試圖保有／維持這些結果，恐懼著得到後的失去……其實都已遠離生命與生活的奧義了。

就關係而言，「永遠在一起」、「永遠不分離」、「永遠不放棄」，是一種很奇怪的目的。這樣的渴望與追求毋寧是一種執著。如同另一位生命導師所言，「大多數的關係（無論是不是愛情）都不見得能夠維繫終身，但卻絕對有助於成長」。這樣的經驗與過程本身，就是目的，別無其他。

2. 憤怒與恨──「你怎能這樣對我！」

憤怒底下，經常會是其他種埋藏得較深的情緒。多半是很深的「傷心」，有時則是「恐懼」

（註5）。**「恐懼」與「傷心」隱晦地掩蓋在「憤怒」之下**。某一些人，好比我自己，憤怒常是外顯且第一時間出現的情緒，失落與哀傷則隱匿在後，通常都需要先處理外層的憤怒，內在的傷痛才能更進一步地浮現。另一些人，長期的低落、悲傷，耽溺在自我耗弱的憂鬱情緒裡走不出來，這些哀傷背後，時常有著當事人無法如實體驗、甚至「不允許其存在」的強大憤怒，受到儒家文化薰陶的人們，與恪守傳統價值的女性，特別會有經驗和表達憤怒的困難。你需要理解的是，這些憤怒若不被自己看到與承接，終究會扭曲成其他的病態，憂鬱亦無從消融。

憤怒之下兩種情緒的覺察與表達同等重要。外顯的情緒優先獲得理解後，再往內貼近更深層的情緒。

好比我自己，對「謊言與欺騙」的強大憤怒底下，一部分是深切的傷心，另一部分則是很不容易被我自己看見的，「恐懼」和「無助」。我之所以對朋友與伴侶的「欺騙」或「無法誠實／無法說真話」感到如此憤怒，是因為「我恐懼我無法承受，或者可能會有我無法承擔的巨大損失」、「我擔心自己無法在每一時刻都能很好地區辨真實或謊言，因而期待他人自行誠實，那麼就不需我如此費力辨識了」。而當我能夠清楚地看到底下的「恐懼」時，我立即能夠明白，這是一種非理性的想法和期待，與事實不符。也就是說，絕大多數的欺騙，其實都是我能夠承受的，隨著我更加地成熟、能力提升，我能夠承受的範圍也隨之擴展。而倘若再度發生一個情感層面重大的欺騙，那麼，必定也有一個很好且很重要的人生課題，蘊含在裡面。如此，還有什麼好怕的呢？

與憤怒相關連的非理性信念：「應該」與「不應該」

「你怎麼可以這樣對待一個，你口口聲聲說愛的人？」

「我不懂你為什麼要這樣去傷害他人？不懂你怎能為了滿足自己的私慾，而不顧及他人的權益與心情？」

其實，「他為什麼可以……？」這類的問題，答案都很清楚，就是「他真的可以，他也確實做了」。你「辦不到」、你「認為」不可以、你「期待」別人不要……，以上都是「你」，你的狀態、你的觀點、你放在對方身上的期待，而非「他」，他的真實、他對自己的期許與要求。就是這麼簡單而已。

這裡頭，無疑都埋藏著你深層的價值觀與期待，你認為自己／世界／他人「應該」要是什麼樣子的。以上述兩個例子來說，隱藏在後的「核心非理性信念」（core irrational beliefs）

可能是：「如果你真的愛我，你就『應該』要……如何這般地對待我」，以及「人『不應該』為了滿足自己的慾望而不顧及他人感受或福祉」。

只要是含有「應該／不應該」的信念，幾乎可以說都是「非理性的」，仔細尋找、論證多半會發現並沒有任何證據支持其必得存在。它們通常會是，「如果能這樣……世界會更好」、「如果能這樣……對彼此都有利，或長遠來看是有益的」，但實際上並無證據支持現實就應該、必須如此。你只能說這樣很好，符合理性與邏輯推斷的最大好處，是有智慧的做法，卻遠非人人都得、願意或正在遵從著的現實。

與其不斷縈思「他為何如此」、「應不應該如此」，不如把焦點拉回到「何以他如此，會引發你內在這樣大的痛苦或憤怒？」、「你如何替自己創造了這個情緒？」、以及前一章所陳述的「你有什麼缺點和弱點，促成了這件事的發生？」

原來，我與他是一樣的

我的憤怒真正且徹底地消融，是在三年後參與某一次團體的療癒裡。在團體過程中，我震驚地發現，「原來，我與他是一樣的」。

我如此憤怒於他對我的背信與欺騙，我納悶何以一個人能這樣去欺騙另外一個人？我覺得不公平，因為我不會這樣對待他人，特別是我允諾要去愛的人！然而，當我往自己的內在看進去，我卻看到一樣的事實……我看到，與他在一起的這些年來，我不斷地、一次又一次地，背叛一個人。這個人，就是「我自己」。

我不斷地，背叛自己。我並不聽信，自己內在的感受與直覺。當直覺沈靜地低語的時候，當某些隱微且不安的情緒升起時，我也許選擇了「忽略」，也許轉而「斥責自己」，到後來，甚至在許多事物的判斷上我都開始對自己產生了懷疑。

他不尊重我，看不到我的需要，無法愛我。而我又何嘗不然？我同樣也不尊重自己，不去看自己的需要，不愛惜自己，因而我讓自己持續接受如此的對待與關係。

他有他做得很好、格外用心負責的某些事物，但**在另一些事務上，好比特定的承諾或約定，無法踐履。而我又何嘗不然**？某些俗事的事務，我學習著、掙扎著，要更能承擔。更重要的，是我自己的生命、生活、幸福與快樂，過去的我不都把其交託給前伴侶？……也許不是全部，但確實是期待著，透過他讓我能夠擁有更為豐盛的物質生活、更寬廣的生活體驗、被愛與被重視的感覺……而不是自己學著，為自己做這些事尋獲自己的豐碩與幸福。

那些時期尚未成熟的他有極大的表裡不一。一部分的他是認真進取、工作忙碌、照顧妻兒的男人，另一部分的他則於生活的間隙裡，透過和女性的曖昧獲取刺激、壓力釋放、征服感等其他滿足。

而我，不是這樣的不一致。我的不一致在於，我總習慣地將自己隱藏得很深，儘管我並非蓄意欺騙，也不欲以傷害／侵佔他人權益的方式來謀求自身的滿足，但我對外的呈現確實是矛盾且容易被誤解的。外在的溫和柔順，與內在的堅定剛烈；外在的微笑傾聽，與內在的自有看法；外顯的理智堅強，與獨自一人時才允許流露的強烈情緒及脆弱。最令我驚訝的是，我一直以為，相較於許多人，我已經算是相當內外一致的，基本上是真誠的，直到那個時候，我才清楚看到，我隱藏起來的部分，遠比我願意顯露出來的要多得多……這未必不對，只是確實造成誤解。我的前伴侶，他以營造一個「比真實的自己更好」的形象來尋求社會認可及贊許，而我的保留何嘗不也是一種「討好」？我也在尋求，不被群體拒絕，尋求社會的接納與認同。

我並不像初時我所以為的，比他高等、比他善良、比他擁有更多的光與愛。在內在的某一塊，我們都是一樣的……我們都渴望著他人的接納和認可，也都經歷過同樣的煎熬、衝突、貪婪、與被誘惑的過程……那是人性的漆黑。每一個人都是一樣的。

我向你內在的神性致敬

這幾年來，我學到兩種方式，來回應這種人性的暗黑。早期，當憤怒尚未能全然化解，而我仍然必須持續地與前伴侶互動時，我會在心裡虔敬地想著，「**我向你內在的神性致敬**」。

這是印度人打招呼的方式。他們不說，你好，或早安。而是崇敬地表示「我向你內在的神性致敬」。無論眼前這個人如何被黑暗遮蔽著，我始終深信，他內在最深處仍是有神性的存在。

神話學大師坎伯（Cambus）曾說：「我們經歷的歲月殺害了我們心中的某種東西，而這樣的東西正是人類固有對自己的信心，相信只要他對另一個人用共通的人性語言訴說，他永遠會得到人性的迴響……」。過去這種對人性迴響的預期，使我陷溺在這段關係裡無法走開。而今日，與之相反的，我學會了「不去預期」我會得到什麼樣的良善回應，我不再希冀從他那邊獲得什麼。然而我也不想「以怨報怨」，這基本上只跟我自己有關，也就是「我希望自己能夠擁有什麼樣的處世原則與存在樣態」，因此無論他真實的狀態為何、對我的態度為何，我都不想用惡劣的方式「回應」他人的黑暗。

去擁抱與覺察我還沒有迎接回來的這些特質——每當批判的想法升起時，便在後頭加上一句：「就跟我一樣」

我從一位前導身上學到一種很好的覺察方式。每當批判的想法升起時，便在後面加上一句：「就跟我一樣」。

她是這麼說的：「當你看見某人，且對他有所批判時，要知道那是因為你沒有接納你內在也有的相同本質。」這其實便是榮格所談論的「陰影」（shadow），你所強烈地妒羨或厭惡的那些他人身上的特質，其實都存在你身上，都是你自己尚未能覺察、並且尚未能迎接回來的那些部分。

「……當我批評某人時，不管因為什麼而批評他，比方說我覺得這個人控制欲很強，我都會加一句……**『就跟我一樣』。這會迫使我看進內在，去看看發生了什麼，進而帶來強烈的內在誠信。**」

是的，你會這麼地厭惡，有這樣強烈的情緒，是因為你內在也有同樣的本質。否則它的存在不會對你造成這樣的影響。同樣地，你會如此深受某個人的某些特質的吸引，也是因為你內在擁有同樣的本質，卻未能被你自己看見、並充分地滋養、發展。

透過這個方式，去擁抱與覺察所有我還沒有迎接回來的特質。

3. 悲傷——愛已不在，而夢，碎裂了一地

我很難描述那種悲傷的深沈與廣袤。很深、很深、很深的傷心，彷彿沈在河流的最底層……淚水止不住地流，胸口灼燙，從體內深處發出的聲音暗啞粗嘎……一度我深切懷疑著，這樣的悲傷是否會有走到盡頭的那一天？某一次在陪伴自己徹底經驗了兩小時如颶風大浪般不斷席捲而來、眼淚鼻涕滂沱而下的傷心痛楚後，一個念頭突然浮現……天哪，這到底是幾輩子的哀傷啊？即便是這樣的哀傷，也確實有止盡……傷心的同時，我也始終在給自己的愛裡。因而隔日，是風雨過後的澄澈與明晰，清出的內在空間讓愛與光得以滿溢，我感到深沈的平靜與由內在自然湧現的對每一個人的愛與溫柔。

結束婚姻後很長一段時間，我無法與家人、朋友們談論這些事情，除了我為自己尋找的個別諮商師以外。那些感受與經驗過的所有事件，碎成片片，我感到困難於有組織且清楚地傳達我經驗到的一切……爾後我才想起，這不就是創傷的展現嗎？「無法言宣」（unspoken）正是創傷事件的一個顯著特質，所有這些記憶、感受、影像、聲音……幾乎是斷裂且破碎的（那種連續的自我感亦被打斷），每一塊碎片卻又攜帶著如此強大的情緒負荷與痛苦，反覆在那裡叫囂喧騰，卻遠沒有任何語言文字可供清楚述說。

我的悲傷，主要在於「愛的消逝」與「家的失去」、「未來夢想的失去」。我紮紮實實地體認到「無常」，緣生緣滅，再怎樣熱烈浪漫盟誓一生的愛，都會有消褪的那一天。包括我與孩子的強烈情感，都不是永恆的。緣分結束的那一天，便會終止。對於那樣的悲傷，只有去「經驗」，別無其他。拿掉評價、批判，放下分析與詮釋，就只是單純地領受、進入與體驗。在那最深的哀傷裡，痛苦將會逐漸地轉化成喜悅與寧靜。

此外，我也主動去哀悼我諸多的失落，特別是夢想的失落。透過完形的視覺圖像運用，我清楚看到我的夢，以及去感受夢碎裂了一地的哀傷。**我的伴侶其實從來就不必替我加諸在他身上的夢想或期待負責。那些都是「我」的，跟他沒有關連**。悲傷的後頭埋藏了恐懼，或說，與恐懼交融。我清晰地意識到，自己切斷了與內在某些女性部分的聯繫，特別是與作為一個性感美麗的女人有關的那些層面。我變得害怕讓自己的性魅力與性能量自在地流動展現，害怕太過美麗、色彩繽紛引人注目，抗拒敞開與柔軟，我於是知道那是我還沒有療癒完全與迎接回來的一塊。我尊重自己的速度，也去感覺這個層面的細微變化，當某些渴望在產生、能量逐漸復甦時，我會知道，是時候去更進一步地靠近「她」了。

誠如婚姻治療師大衛・里秋所說的：「我們樂意處理、包紮（自己）傷口的意願，讓我們有能力溫柔地回應別人的傷痛。一旦我們發覺自己受傷，我們決不會用別人傷害我們的方式去傷害別人。」奇妙的是，對世界、他人與自己的愛，亦是從傷痛裡自然湧現與「發生」。愛，是一種發生，無從設計與培養。

4. 羨慕或嫉妒——「他們」怎麼可以過得這麼好？

嫉妒，是比「羨慕」強度更強的情緒，它攜帶了來自你內在重要的訊息。它其實依舊與「被你嫉妒的對象」無關。基本上它只是忠實地反映了你內在的渴望與匱乏而已。

常聽到的嫉妒有：「他們兩人憑什麼可以過得這麼好？」、「為什麼他可以立刻跟下一個交往，不需要經歷我正在經歷的痛苦？」、「我得要辛辛苦苦地照料小孩，他卻可以享受彷彿單身的自由？不管是全力衝刺事業，或者談戀愛都是。」

這些嫉妒，當你能夠很清楚地看到它們的內涵時，很快就會消散了。同樣與對方無關，只與「你的匱乏」有關。想像一下，如果你能過得幸福快樂，感覺到被深深愛著，帶著孩子的生活遊刃有餘、平衡愉快，前伴侶與第三者（或任何新戀人）他們好或不好，還會對你有任何影響嗎？因而關鍵是在，你嫉妒的對象擁有你所渴慾卻猶未能獲得的事物。**嫉妒同樣有，「你尚未迎接回來的，自己身上的特質與潛能」，而請你深深記住：「凡是你所強烈渴望的，你其實都具備了獲致與完成的潛能」。**

與其把時間和目光放在他人擁有的事物上，不如回到自己的匱乏，專注於發展自己的能力與潛質，讓自己日益趨近渴欲的事物與狀態。在此例上，顯然是愛的匱乏，與傷痛的未癒。當你開始給予自己大量的愛、陪伴，並溫柔地療傷（依舊不是往外求）時……你相信嗎？你的內在與外在生活都將越來越豐盛，並充滿著愛，傷口日益癒合……有一天，即便你仍單身，也將不再對幸福的戀人感到任何嫉羨或惱怒，反倒能衷心地與他們一同快樂。

「羨慕」與「嫉妒」都是很好的覺察契機，讓你意識到內在的匱乏與渴望，也看進自身的黑暗，讓你在溫柔承接的同時，也去思索如何以健康的方式來滿足這個匱乏。

在此例上，不需要去嫉妒第三者的另一個很實際的理由是，外遇者與第三者的關係，泰半埋藏了很多問題。親密關係原就不容易，如果一段關係的開啟在許多重要層面都是建立在「謊言和欺瞞」上頭的時候，可預見的是，其將更為艱辛。由於真實且多面向的深入認識，這樣的前提並不存在，這也表示，熱戀的兩人比較多是愛上「自己對對方的投射與想像」，而那是非常虛幻的，通常也比較是執著而非真愛。真愛需要建立在彼此的真誠與尊重上，看到對方的真實，也讓對方看到自己的真實。

即便外遇者對自身婚配未有隱瞞……然而，「處在什麼樣狀態的人們」會選擇進入對方已有伴侶或孩子的關係裡？除卻那種原配一開始即同意「一對多」的婚姻以外，其餘仍得要

「共謀」瞞騙重要關係人與荏弱的孩子們進行的戀情，為滿足自己不惜傷害／侵佔他人，本質上都是欠缺愛的。無論如何以「愛」為名，底蘊皆非「愛自己」或「愛對方」。是對愛饑渴與匱乏到某種程度的人們，被心中空乏的大洞驅使著強佔豪奪，不論是否形成傷害或對他人的剝奪。

愛，無法在你極度匱乏時發生，也無法透過一個你以外的愛人來填補。有趣的是，當你處在缺乏愛的狀態中時，你感覺到愛上的與似乎愛上你的，也都會是缺乏愛的人，與你同樣嗷嗷待哺且其實無法給予的人，雖然最初看來像是充滿愛。外遇的兩人因而是貧瘠復可憐的。

此外，關係是有階段性的，熱戀期總是會過去（註6），緊接其後的仍是磨合、衝突、熱情的消褪、缺點的浮現、現實生活的課題。外遇的伴侶，前一次是以「發展新的關係」來取代中後期必要的努力。而這一次呢？

沒有完成的課題，會重複出現。選擇逃入新的感情裡，也意謂著，前伴侶過去並未好好地做這些功課。它終會在未來，新的關係裡，以相同或不同的形式再度浮現。

倘若真有那麼一個微小的可能，在經歷了許多磨難後，這兩人更為堅定相愛，繼續在一起。那麼，在處理了也許會有的短暫失落與其他感受後，對於我曾真心相待的這個人，我也能夠為他感到高興。終於學會了好好安住在一段關係裡，好好地去愛人，讓這個世界多添了一段美好。我也絕對會**感謝我自己，我的「放手」促成了這個美好。而更重要的是，這樣的美好與情感也同樣是我能為自己創造的**。

請你，**放下他們，回到自己**。

有些人會認為，「他們的幸福是我和孩子們的幸福換來的！」、「他們的快樂是建築在我的痛苦之上」。若你閱讀了前面兩章，仍有這樣的想法，請你再回頭重新讀過。實情是，你冀望你以外的他人，為你的幸福快樂負責。推諉卸責的人，是你。

沒有任何一個人，需要為你做這件事。也沒有任何一個人，能夠為你做這件事。無論你在圍城裡圍城外，都只有你，才能創造你自己的喜樂與幸福。

5. 恐懼、害怕——「我辦不到，這實在是太可怕了！」

「不論你相信自己能做什麼，不能做什麼，你都是對的。」

~亨利．福特（Henry Ford）

絕大多數的恐懼與焦慮，都是人類頭腦的產物。頭腦創造了這些恐懼，並且在許多層面誇張並強化了它們，好比常見的「預期性焦慮」（anticipatory anxiety）與「災難化想法」（**disaster thinking**），前者是對尚未發生的大小事情的提前擔憂（你永遠可以想到足供你擔心的幾萬件事情來），後者則是誇張了某情況的嚴重性與影響層面。以婚姻為例，前者諸如：「如果我離開了這個人，就再也找不到另外一個人來愛我」，後者則好比：「若沒有一個男人或女人愛我，我就會孤單淒涼一生」。

克服恐懼最好的方式，首先是「**辨認出它的存在，看清楚它是什麼**」，**繼而是**「**承認、接受**」**我就是害怕**，允許這個害怕存在，若你能夠，則以呼吸、愛與慈悲圍繞著它。最後，則是「反其道而行」，不是消除恐懼、等待害怕全然消融才行動，而是帶著恐懼去做那件讓你膝蓋發抖的事。華倫．巴菲特早年曾參與一些有關公眾演講的訓練課程，他是這麼說的：「我參加這些課程的目的並非期望我上台演講時腳不發抖，而是期望我即使腳抖個不停還是能夠站在台上繼續把它講完。」

帶著恐懼行動，是消除恐懼最有效的方法。你所恐懼的事物，威力最強大的時候，其實都是你逃避不去面對的那些時刻，你以你的想像將它餵養得無比龐大。當你把全副心力用在做出這個反向新行為所需要的一切努力與技巧時，你將不再有餵養這個恐懼的餘裕與時間，其自然消風成「你足可承受的大小」。

是的，親愛的，把這句話隨身攜帶著，「**我能承受**」。無論發生什麼，你都禁受得住。

無法離開一段具傷害性的關係，多半是因為「恐懼」

無法適切地結束一段早該結束的關係，有許多原因。包含：對愛的誤解、對業力關係的誤解、把對方的問題，解讀成自己的問題（好比對方很孤單，自己不能丟下他）、習得的無助（註7）、這種關係模式，是你從小就熟悉的關係等。其中最常見的，是對結束婚姻的恐懼，以及與此相關連的，捨不得放棄伴隨婚姻關係而來的諸多利益，而這樣的「貪」後頭，其實也是恐懼，恐懼著這些好處若離開了此伴侶再也不復得，因而煎熬遲疑著不願放手。

對不確定的害怕，致使許多人寧可留在不快樂甚且具傷害性的婚姻裡。常見的與結束婚姻有關的恐懼諸如：

＊對謀求經濟獨立的害怕

＊害怕再也遇不到另一個愛我的人

＊恐懼面對自己藉由「關係／婚姻」逃避的問題，恐懼面對真正的自己

* 獨自養育孩子的恐懼
* 獨自生活的恐懼
* 恐懼孤單
* 恐懼自我價值的失落
* 對分離本身的恐懼
* 害怕他人的評價

這裡，曾經也有一些是我害怕的事物。然而現在，每一項都更好了。並且是我從未能想像到的豐盛富足。本書一部分就是在分享，它如何發生。而帶著恐懼行動，是最為必要的一步。

6. 羞愧——「我是個失敗者，別人會怎麼看我？」

「羞愧」是一種含有評價的複合情緒。與「罪惡感」一樣，已非原始情緒。帶有批判的這些情緒比較不是要去經驗它，而是需要你仔細地辨認、並釐清它的內涵，找到它非理性的成分再做出相應的調整。

伴侶外遇或離婚，那似乎意味著，「我是個失敗者」。我的婚姻失敗了，臉上無光、沒面子、很丟臉、簡直是奇恥大辱。雖然我個人比較不是這樣想，但我知道許多當事人心底深處是這樣看待自己與婚姻的結束的。曾有當事人直言，「我感覺自己就是個 loser，我不甘心作一個輸家，就把老公拱手讓人」。

從坦然接受「離婚就是失敗」，到超越「成功——失敗」的二元觀點

「二元觀點」（dichotomous perspective），是現今世上許多問題的源頭。把許多事物區分成「白——黑」、「對——錯」、「好——壞」「成功——失敗」、「贏——輸」、「美——醜」、「自己人——外人」、「正面情緒——負面情緒」，然後渴求好的，抗拒壞的。對好的感到滿意、勝出、高人一等，對壞的則覺出羞恥、罪惡。

「成功」與「失敗」的判定，便屬此種二元性的遊戲。你可以根本上就跳脫這樣的區分，拿掉好與壞的評斷，接納一切的發生都是中性的、或本質上是神聖的，蘊含有無限的可能；抑或在二元架構下重新去翻轉「成功——失敗」的定義。而即便前兩種對目前的你而言都相當困難，在自囿於社會建構的「成功——失敗」的判定當中，你仍然有其他可選擇的「有效」想法。

倘若你定義，「離婚就是失敗」，那麼，最好的做法就是，坦然接受「失敗」吧。人們總在跌跌撞撞中學習與成長，**「失敗」與「犯錯」是必經的過程，而自然本身並不可恥。**「失敗」與「犯錯」意謂著，「你至少嘗試過了」，甚且可能竭盡你所知與當時所能，儘管結果不如預期，但有這樣的嘗試與盡力，本身便已足夠。

此外，「失敗」往往是比「成功」更優秀的老師。你從「失敗」中所能學習到的事物，遠比「成功」要多上許多。

從另一個角度來看，情感上經驗了挫敗，並不表示你一無可取，或者整個人生都是失敗的。在認知學派裡，把這叫做「過度推論」（over-generation），是一種認知形式的偏誤及扭曲。這段婚姻的經營，只是你生活裡的某個區塊。你在工作上的努力與累積，你獨自打理自己生活的能力，你解決問題與因應變化的能耐，你和同事、朋友的情誼，與家人的相互扶持及點點滴滴……凡此種種都是你持續在經營與累積的事務。因而，這段感情，不足以界定你；這段感情的結束，不表示「你就是個失敗者」。若你實在很想要抱著「失敗」這個標籤與評斷不放，你最多也只能說，在愛情這個領域中，在「與這個人共同經營的這段婚姻」上，我失敗了。未來十年你未必不會成長到能夠遇見與經營一段更健康的關係，因此，你最多也只能說，我「目前」「在親密關係這個領域」中的「這段關係」是失敗的。

而倘若這些年來，這段感情逐漸成為你的全部，那麼，這會是一個很好的提醒與轉捩點：你怎會讓情況演變至此？對此刻的你最重要的，反而不是挽回或發展另一段取代的關係，而是重新尋回自己，重建生活與所有關係的均衡。

別人會怎麼看我？

別人會怎麼看我？其實那一點都不重要。比那更重要的是，**「你如何看待你自己，以及你身處的狀況？」**你如何看待你的婚姻因為伴侶的外遇行止而瀕臨瓦解？你如何看待你自己離婚帶著孩子獨自生活？

很多時候，他人如何看待你，其實是依據「你如何看待自己」而來。也就是，你的朋友們其實也不知道該如何解讀這個狀況。許多人根本未曾經驗過你正在經歷的，實際上也無法全面了解每一件發生在你身上的事；即便同樣都是「遭逢外遇」，每一個人的經驗仍都是獨特的。因而他們只好依據妳的反應來作反應。如果妳認為，「自己做了一個艱難但正確的決定」、「自己很幸運才能夠離開這段具虐待性的關係」，那些愛你的家人朋友們，也就會這樣去詮釋這段經歷。

就算不盡然是，也不重要。是你在過你的生活，不是那些評斷你的傢伙。

你可以借用一點神經語言程式學（NLP）的技巧，把這些當成難看又嘈雜的電視頻道，然後想像手拿一支遙控器或旋鈕，看你是想換個頻道或切成靜音都好，直接關掉這台電視也挺不賴的。

真正重要且對你的生命發揮實質影響的，是你對自己與這個狀態的看法。有些人完全弄顛倒了，因為自己不知道該如何看待，便把他人可能的意見與評價，放進來填補這個空缺，也就是，依據別人看待自己或這件事的方式，來看待自己。問題是，他人的看法千千百百種……而這些人多半會揀選與放大最糟糕的那種。

親愛的，沒有任何人有權利為你下註解，或者替你決定，何為「你的成功」，何為「你的失敗」。請記得，**你才是那個，下定義的人**。

7. 孤單——我始終都是一個人

「人唯有在徹底被遺棄和孤單之中，才能感受到自身本質裡的助力……孩童的成長是為了邁向獨立，這需要他從起點離開才行，所以被遺棄是必經的過程。」

～榮格

擁抱你的孤單吧。沒有比這更好的時刻了。學會獨處，與自己在一起，傾聽內在的孩子，甚或與內在的源頭連結。你與自己的關係，影響你生命的每一個層面。學會獨處，將豐富了你，連帶也豐富了你的關係。

上野千鶴子在《一個人的老後》裡很務實地說：「為了不要寂寞就去找個伴，我覺得還挺不划算的。我的意思是說，你找了個伴，也不見得就治得了寂寞，但肯定增加麻煩」；而「結婚也好，不結婚也罷，無論是誰，最後都是一個人」。

孤獨有兩種，一種是「人際的孤獨」，另外一種則是「存在的孤獨」。前者可以透過，用心經營友誼與學習社交互動技巧而有相當的改善，後者，則需要部分回到自身，潛進內在，去尋找你獨特的天職與使命、你的熱情。靜坐與靜心是一種很好的回歸源頭的修持方式。去尋找你獨特的天職與使命、你的熱情。靜坐與靜心是一種很好的回歸源頭的修持方式。

3-3 你只能看見，你準備好要看見的事物

我個人很喜歡瑪希亞·葛芮（Marcia Grad）在《公主向前走》裡頭對「幻相之地」的一些描述。生活在幻相之地的人們，在妖精的宴會上，吃著空無一物的盤子卻以為自己正品嚐

著美食，飲著空無一物的水杯卻以為自己正啜飲美酒，整個人已瘦得形銷骨立，卻並不知曉，仍舊吃著無法真正餵飽與滋養自己的幻象美饌。也無法聽進他人的勸告。

當一個人看不見拴著他們的鎖鏈時，當然也就看不到解脫的鑰匙。

有很多人活在幻相裡，特別是跟「男女情愛／浪漫愛」（同志亦然）有關的一些幻想／幻相裡。一部分人，是誤以為自己深愛對方，因而離不開對方，另外一部分的人，則活在「自己被愛」的幻相裡，認為這是一段愛的關係。多數時候，人們寧願選擇活在美麗的幻相裡，也不要他人戳破他的幻想。

你準備好，要看見這一切了嗎？

美國FBI探員喬．納瓦羅（Joe Navarro）曾提過一個有趣的故事。有一次，他的一位女性朋友到美國佛羅里達州的珊瑚閣市遊玩。那位朋友依照著地圖行走，起初，一切都很順利，一直到他們到了鎮上，開始尋找路標為止。

一個都找不到。在所有十字路口看不到任何個路標。

這位朋友與家人繞來繞去，最後，不得已停在一家加油站前詢問。加油站業主面露同情，表示他們不是第一個前來詢問的。他說：「你們到了十字路口時，要往下看，不是往上看。道路標示是六英吋（約十五公分），漆有路名的傾斜石塊，就建置在人行道旁的地面上。」

喬瓦羅的朋友依循指示，很快就抵達了目的地。「顯然，」她說，「我本來想找的是距離地面六英尺或更高的路標，而不是地面上六英吋的……最令人不敢置信的是，」她又說，「**我一知道要看哪裡、在哪裡看之後，路標就變得清清楚楚、明明白白的了。找路沒有一點困難。**」

這就是我的感覺。

就在我確認婚姻中第三者的存在後，有一段期間，我將這幾年斷斷續續寫的日記翻找出來，重新閱讀了一遍。很訝異地發現，路標是那麼樣的清晰，以不同或相同的形式反覆出現。然而，以為正在與一位「正直、誠實、奮發上進、疼愛我的男人」交往的我，卻是怎麼樣都看不到。

在關係裡，我確實感受到許多不舒服、不被尊重、難言的氣憤、與相處上的摩擦。但**我更常做的一件事，卻是反省與檢討我自己，是不是我太過任性？要求太多？我還不夠體貼？我未能夠嘗試去信任對方？**我總認為，兩個人在一起，總有許多歧異的觀念與習慣，需要學著適應、妥協甚至包容對方。

當我問他，與死黨的聚會為什麼總要在夜店？為什麼總要在深夜並持續到隔日清晨？難道不能在一般晚飯時間，在餐廳或家裡吃飯喝酒聊天？

只因為，我沒有預期會看見，我也沒有準備好要看見，所以我始終看不見。一個先驗的、武斷的、且未經檢驗的假設侷限了我，這個假設是：「這是一個因為經受過情感創傷而已相對較成熟的男人」、「是個深切愛我的人」，所以根據「觀察者偏誤」，我僅收集符合我假設的資訊，忽略不符合假設的訊息，即使出現與先驗假設疑似不一致訊息，而被我注意到了（忽略很容易），我也主動產生一些「合理的可能解釋」。

就某方面而言，這是人類避免認知不一致，尋求「認知和諧」的本能。而一切都僅在我腦海中發生；就某種意義來說，一切都僅關乎於我個人。

也許對方確實說了或編造了些什麼，遮掩他的行為。然而我未能覺察、我看不到，可能不是我的錯，但確實是我的責任。**當時的我，對於這樣的一個假設，「擁有一個愛我的好男人與伴侶」，有著深切且強烈的渴求，我因而看不見接近全貌的真相。我處在某一種狀態裡，在這個狀態裡，遇見了這個人，投射出我的想像與需要，並且愛著這個想像與需要。為此投注極大心力。**

總是個人的議題在主導著，你「能夠看見」以及「看不見」的東西。若以佛學的觀點來看，則是業力在主導著，同一件事、同一個人，你看到什麼，感覺到什麼，有什麼情緒與主觀解讀，即麥可．羅區格西（Geshe Michael Roach）所謂的「心理銘印」（imprint），身語意的心識種子。我們所遭遇的每一件事其實都是「中性的」或「空的」，你的感受、你習慣詮釋的方式、你過濾某些訊息留下某些訊息、看見什麼與看不見什麼（好比同一個市場你是否能夠看到潛藏的巨大利潤？），都只與你自己有關。

親愛的，你準備好要看見「真相」了嗎？這個真相，也許是關係中外遇的存在？也許是，這段關係的本質，是「愛」比較多，抑或「執著」比較多？事發之後，充滿強烈張力的情緒與對峙，傳達了你內在深層的什麼？因而，這個真相，也許更是關於你自己，你內裡的陰暗面、潛意識裡強烈的渴求。你何以這般地受傷、生氣或者恐懼？你在伴侶身上置放了什麼期待？你看見並愛著的，是真實的他，抑或是你投射出來的形象？你冀望透過對方以及這段關係給予你什麼、替你達成什麼，好讓你能夠藉此迴避自身某些重大的責任與議題？

你的真相，也包括你創造了你目前生活中的所有事物與情緒。只有在你願意時，你才能夠看到你究竟是如何創造了你的痛苦。

3-4 認識自己

下一章，我會談論如何去評估你的關係是否是一段「有潛力復合的關係」，抑或是「需要你學習放下的關係」。但在此之前，更重要的是，更深刻地認識你自己，看到自我內在的真實，以及此段關係的真實。

請記得，你所經受的這場婚姻風暴，最終的焦點並不在伴侶身上，而是得要拉回自己身上。你永遠無法代替你的伴侶完成他的課題，而你的伴侶也同樣無法替你完成你的課題。真正重要的是，意識到你們自己的議題，各自去圓滿。

你可以嘗試由以下幾個方向切入：

＊最初你是懷抱著什麼樣的動機進入這段關係？而今，是因為什麼而維持？

＊對方的什麼特質深深吸引了你？

＊你的伴侶如今讓你痛苦的，是否是當初吸引你的那些特質另一面向的展現？

＊此段關係原有的問題為何？這些關係中待解決的議題，與伴侶的外遇行止，是同一個問題，還是兩個？

＊你想要的是什麼樣的親密關係？你要的親密關係是「一對一」的嗎？

＊你若選擇留在這段關係裡，會是因為「愛」以外的其他事物嗎？例如：經濟依賴？情感依賴？對離婚的恐懼？或是某種不甘心？

＊你在這段關係裡頭最重要的底線是什麼？

愛情的幻相：主流的愛情亦是一種社會建構

在此，我也邀請你去看到，你對愛情的幻想與執著。我們很容易「逃到愛情」裡，編織許多幻想，幻想對方的性格、能力、對自己的情感（如何深愛著自己）等等。尤其是女人，即便在職場上精明幹練、處事果決、充滿自信，然而一旦戀愛了，卻容易在愛情與關係中有不同程度「失去自我」的傾向。貝芙莉・英格爾（Beverly Engel）把這稱作，在愛情中「消失的女人」。

這種愛情的幻想普遍可見，與我們的整體文化、媒體、商業活動對浪漫愛情的塑造與鼓吹有極大關連，舉凡香水廣告、電影、鄉土劇、大陸劇、韓劇、小說、漫畫、流行歌曲……幾乎是隨處可見。

容易在愛情中消失的女人，最常抱持著幾種幻想：

高塔公主的幻想 是一種等待被拯救的幻想。相信也期待著出現一個男人來拯救自己脫離平凡、孤單、不快樂，與現實的辛苦。這個男人將使自己平淡無奇的生活變得精彩刺激，充滿歡樂，令人豔羨；這個男人也將一眼看出並肯定自己的特殊性，強烈愛著自己。

南丁格爾的幻想 與前述剛好相反的，這是一種治療者拯救他人的幻想，幻想透過自己的愛，某個男人將脫胎換骨。抱持這種幻想的女人，會與他們試圖照顧或解救的男人相戀，基本上是為他人而活，預設他人的需要，且為他人做一些實際上他們能夠自己做的事。為對方的孤單、渴愛而覺得心疼，覺得有義務要陪伴著對方。

靈魂伴侶的幻想 認為男人或女人都是缺少了另一半，必須要遇見另一半，自己的靈魂伴侶，這輩子才能圓滿或個體才能整全。這個想法基本上是因為並未認出每個人內在同時都擁有男性和女性的部分，也未能均衡發展這兩股能量與兩種特質，因而期待藉由和某人結合，得到別人具有而自己卻缺少的那些部分。

前述提到過「陰影」，也就是我們最容易愛上的，其實是對方身上那些自己欠缺的特質。英格爾也指出，「愛情會讓人失去自我、失去防線的（部分）原因，基本上是因為**我們愛上自己被壓抑、忍耐、或拒絕的部分，或者，沒有發揮出來的內在特質。**」我們潛意識或暗地裡希望透過與這個人在一起，而能擁有部分他所具備的特質。然而這其實並非兩人結合就足夠，最終你會發現，你仍必須自己去發展這些特質。

有些人更認為，「強烈的吸引力」或某種「特殊的連結感」就是愛，即便他一點都不了解這個男人或女人，卻在短瞬間陷入熱戀與一見鍾情。**你如何愛上一個，你根本不認識的人？**就某層面而言，你真正愛的，是你投射到他身上的想像與需要，你愛的，是自己的投射與幻想，你把這個幻想疊加到眼前這個男人或女人身上，如此而已。

同樣的，當你對另外一個人變得「過度迷戀」時，往往並非真實的他對你有這樣強大的吸引力，你其實比較是受到「自己的需要和慾望」所驅使。你或許拼命想藉由與另外一個人的結合，以填補內在的空虛、擺脫孤單、逃避面對自身的問題。過度迷戀也就是：你愛上的是你需要、你想像的人，而非真正的他。

英格爾認為，真愛是輕鬆、溫柔、親切與付出，迷戀的愛，則是艱辛、佔有與貧乏，並且時常被恐懼和嫉妒所主宰。親愛的，你的愛情，是屬於哪一種呢？

我的需要是什麼？我如何學習自己去滿足這些需要？

許多有關自我概念的研究都指出，女人比較常用「關係」來定義自己，男人則較多以「拓展成就領域」來界定自己。因而女人的自我常常是模糊的、變動的、融合的，並且似乎得仰仗他人才能圓滿。男人的自我則相對較清晰與確立，同時獨自便可完成。社會化的過程裡，男性被鼓勵問道「我的需要是什麼？如何去滿足這些需要？」女性則被鼓勵思考「他人的需要是什麼？我如何去滿足這些需要？」

於是男人自問：「我的願望是什麼？」。女人則問：「我令人滿意嗎？」

當然這不是一種絕對的劃分。只是許多習慣去滿足他人需要的人，經常擔憂的是，我如何能夠照顧到自己的需求卻又不顯得自私？我如何能夠有所成就卻又不威脅到別人？我如何能夠充滿愛心與體諒但又不必一直顧慮到每一個人？

在此，我要特別鼓勵當事人，特別是女性，開始去思考：「**我的需要是什麼？我如何學習讓自己去滿足這些需要？**」不是仰仗他人或某段關係去完成，而是開始學習以健康、實質上並未傷害到他人的方式，來自我滿足。

「愛自己」與「自私」的區別

「愛自己」基本上是把照顧好自己與滿足自己的需求，視為自己的責任。不是配偶的、不是家人的、不是婚姻的、更不是政府或社會的責任。

只要是透過健康的方式，滿足自己的需要並沒有什麼不對。把照顧好自己視為最優先、最重要的事，做對自己有益的事，活出自己所選擇的生命與熱情，支持自己成為最高版本的自己……這些都很健康。

而**「自私」，則是「逼迫他人活出我所選擇或期待的生命」**，好比你既然是我的太太，你就要負責照料我的生活起居與健康；你既然是我的愛人，我傷心難過時你就必須要陪伴在我身邊、平撫我的痛苦；你既然是我的兒子，就要符合我對你的期待與未來的設想安排；你既然是我的男人，就要能夠供應得起我想要的生活。這些都是把照顧自己與滿足自己的責任，架在他人身上。**「自私」同時也是，為了滿足自己的需要，不惜傷害或侵佔他人。**

「愛自己」與「自私」很容易被混淆，也經常有人蓄意把伴侶「愛自己」的舉動控訴成「自私」，以求得自己的滿足。兩者事實上是很不同的。你當然要避免「自私」，不要求他人是你所希冀的樣子，或把照顧自己的職責放在對方身上。但你同時也必須要「愛自己」，一方面這使你真正能夠免於自私，另一方面，這是你能夠付出愛與營造愛的關係的先決條件。

3-5 設定你的底線，並盡全力執行它

擁有一個「健康的自我」（ego）是很重要的。這是身心靈的整全中，心理與人格的那一

部分。在許多時候，你需要先能發展出一個獨特的、有疆界的、使你不同於他人的那個「我」，也就是「自我／小我」，從而再進展到靈性的提升與拓展，與「大我」的合一（註8）。而「清楚的人我界線」便是一個健康的自我所具備的素質。

我們向傷害說不的權利，是任何關係都奪不走的。無論是肢體上的攻擊，或精神上的傷害，好比謾罵、汙辱、輕蔑、貶抑、刻意忽略、不斷說謊、持續外遇，你都需要學會為自己說「不」。

你需要能尊重你自己，才能為自己創造出一個同樣尊重你的伴侶與環境。以婚外情為例，絕大多數都蘊含著許多「不尊重」。你的伴侶不尊重彼此關係的盟約、不尊重自己給出的諾言、不尊重你在一段情感關係中健康的感受與需求，而你若持續與一個有這麼多「不尊重」的人一起，則你顯然也未能尊重到你自己「值得被珍視且慎重被對待」那與生俱來的權利。再者，外遇的發生通常都伴隨著許多「謊言」，你允許他人對你說謊，只要他仍支付家中的開銷、不拋棄你，那同樣也是對自己的踐踏與不尊重。

而所謂的「底線」，就是在這段關係裡，你所能容忍的最大限度。**「底線」與「合理的期待」不同，合理的期待比較是彼此同意的追求或努力方向，並且是實際的；「底線」則是此段關係成立的最低要求，一旦連這個狀態都無法符合，關係即確定要中止。**

在什麼樣的情況下，你會選擇結束這段婚姻？只要你願意傾聽，在內心深處，你其實是有著一分知曉的。好比關係若走到某些需要做出決斷的時刻，你的整個靈魂會吶喊著：「要離開！這不是我要的！我值得更好的對待！就算有再大的恐懼與不確定，我都得離開了。」而另外一些時候，你會知道你與伴侶猶須共同努力，這段關係仍是有希望的，只是某些議題不再允許彼此忽略或迴避了。

倘若你非常確定自己想要的就是「一對一」的親密關係，這對你很重要，那麼，這就會是你的底線。**就外遇事件來說，「雙振出局」或「三振出局」都是很好的做法**。第一次的外遇被揭發後，伴侶雙方都需要好好坐下來，一起談論與檢視，兩人的關係究竟出了什麼問題。伴侶諮商可以提供一個很好的支持與架構，與必要時的引導。外遇的那一方需要揭露自己的為難與煎熬，歉疚與罪惡的感受，受傷的那一方則傾聽，同時在安全感漸增的狀態中，揭露自己的痛苦、傷心、和脆弱，外遇的那一方繼而開始學習支持與回應這樣的痛苦和受傷，同時也能敞開心去探索外遇的意涵，以及隱遁在其後的，兩人關係中的重大議題，好比未被彼此看到和滿足的深層依附需求。

伴侶雙方，**也都需要各自釐清在這段關係中的底線，清楚、具體、且實際地表明在婚姻中彼此可以忍受的最大限度**。對遭逢外遇的那一方而言，諸如：「日後只要再有一次有性關係的外遇的發生，我知曉後，便會結束我們的關係」、「如果四個月之內，你無法確定是否要回到我們的婚姻當中，並徹底與對方斷絕聯繫，同時持續接受三個月到半年的伴侶治療與你個人的心理治療，那麼，我就會跟你離婚」（註9）。

底線無所謂好、壞、對、錯，底線就是你在這段關係中所能容忍的、所願意容忍的最大範疇。每一段關係的底線極可能不盡相同。有些人的底線較容易被觸及，有些人則較為寬鬆，重點是，尊重你自己可以與他人不一樣。同時，若底線被觸及，確定你能夠付諸該有的行動。

沒有比「堅定行動」更重要的了。因為這意謂著，不管他人尊不尊重你的界線，你自己都是認真看待並且百分之百賦予尊重的，無論外在如何、他人如何，你都不會，背棄你自己。

設立你的底線，一個具體合宜的界線，無疑是一種「愛自己」的重要行動。一旦這個界線被跨越了，那也就是你採取相應行動的時刻，而這同樣也是「愛自己」與自尊自重的行為。

選擇原諒對方，並不表示，你允許對方再以同樣的方式對待你

你也許選擇原諒第一次的外遇，第二次的外遇，但那不意謂著，你就得要容忍第三次或第四次的外遇。「你之前都可以原諒我，為什麼這一次不行？」

親愛的，你知道的，「這一次就是不行。」

3-6 你是行動者，而非受害者

拋開受害者的想法吧。你不是。

你的重要權益確實受到損害，因著伴侶外遇的情事，你遭受很大的打擊與傷害。就某個層面而言，你被不公平地對待，你謹守婚姻承諾卻未有相應的回報，你全心付出卻沒有獲得你希冀的酬賞（伴侶的愛、感激、關心、忠誠等等），你遭受許許多多的欺瞞……「我當然是受害者了！你到底在說些什麼？」

親愛的，**被欺騙、遭受外遇，就一定要「受害」嗎？**

扮演「受害者」，以「受害者」的態勢自居，當然有些好處。初期，你會得到很多人的同情、義憤填膺，同聲撻伐你出軌的另一半。你會得到額外的協助、通融與憐憫。請善用這些部分。

過渡期後，這些好處很微妙地，卻會逐漸成為阻礙你與削弱你的泉源。當你執著於「受害者」的位置與心態時（這的確是一種執著），你等同於把對生命的掌控權拱手讓出。你將創造越來越多的無助、無力與無法可想。

你不是受害者，你是正在撰寫與編造你的生命故事的人。你是這齣戲的主角與編導。你無法控制外遇事件不發生，**你無法控制伴侶或其他人的作為，然而，你卻可以相當程度地選擇你的情緒、回應的方式與接續的行動，你能夠有意識地選擇如何去看待外遇這件事，從而在多種貼近真實的詮釋中，選擇最能賦權給你、最具力量與滋養性的那些想法。**

最終，你也能夠選擇，那些最能敬重到自己與愛自己的所有行動。

註1：對某些人來說，外遇更是某種「依附創傷」（attachment injury）。所謂的依附創傷，指的是，在你最需要他人的關鍵時刻，卻被你所愛、所依賴的人背叛或拋棄，也就是，傷害你的人，和你尋求愛與支持的人，是同一個。這是一種人與人之間情感連結的深刻衝擊與破壞，不是每一個外遇事件都會形成依附創傷，但一旦形成，那是無法遮蓋過去、假裝不存在的，那會是伴侶治療中期的一個重點。依附創傷不解決，會嚴重阻礙信任的重建與這段關係再親密的可能。

註2：確實有生理因素，不要懷疑，當時的我處在一個「基因最想複製自己」的時刻，而無意識層面中是「基因」在引導著「情感」。對方則是一個具有資源的男性。

註3：生命中的關係，包含「與自己的關係」、「與家人的關係」、「與他人」和「與世界」的關係。

註4：即便事件早已結束，仍不斷在心裡反覆思考、播放，試圖找到原因以期未來能夠「控制／預防」

其不再發生。反芻（rumination），是與憂鬱和焦慮情緒相關極高的一種認知形態。

註5：好比孩子走失時被恐懼席捲的父母，在孩子安然出現後，可能火大地甩他一巴掌，同時怒聲斥責，「你亂跑去哪裡了！你知不知道大家都在找你！」父母其實是恐懼的，但卻以憤怒的形式展現。

註6：只要原配別太阻擋，弄巧成拙地延長了雙方的熱戀期，亦即延長了與情慾、依戀有關的神經傳導素的自然分泌和消褪時期，這段感情自然會開始浮現經營關係本來就具有的困難。

註7：試圖改變對方行為所隱含的巨大風險，即「不斷地讓自己經驗到無助」，最終「習得了無助」，由於對方行為（好比外遇行止）的掌控權永遠不在你身上，這就像發動電擊的掌控權永遠在實驗者而非老鼠身上一樣，你必然經驗到無助與無力。而當你讓自己停留在那樣的狀態中越久，會開始誤以為，你在其他層面也同樣地無助。你會越來越看不到自己其實具有的力量和選擇。

註8：當然，這不是靈性發展的唯一途徑，卻是很踏實的一個路徑。若要在世俗的事務當中修行，一個健康獨特的小我，是極有助益的。

註9：其實若伴侶雙方的關係能夠修復到足夠安全，同時兩人也能開始重新靠近時（通常透過治療的處遇較有機會達成），每當外遇的那一方在感受到動搖或被吸引的同時，都是很好的提出來探討與共同努力的時機。

第4章
決定留下或離去的一些重要議題

「但是我還愛著他，醫生……我怎麼能夠離開？」

「愛使人感覺愉快，」醫生說。「如果妳並不感到愉快，那就不是愛。」

「但是那感覺像是愛。」

「如果妳痛苦的時候比快樂的時候多，那就不是愛，而是別的東西。那東西讓妳陷在牢獄中無法自拔，讓妳看不到妳面前敞開一扇通往自由的門。」

摘錄自瑪希亞·葛芮的《公主向前走》

在更多地「認識自己」之後，我們仍需要額外去檢視，「你的伴侶」與「你們之間的關係」。我依舊要強調，在做出任何重大決定之前，你都需要有充裕的時間往內尋找，自我覺察是一個持續不斷的過程，同時學習信賴你自己的判斷與內在直覺。

請你記得，對方的某些行止究竟能不能夠改變，決定權在他，不在於你。而伴侶會不會改變，不該是你能否獲得幸福的關鍵。你需要做的決定是，就算他永遠不會改變，你依舊能夠獲致幸福。

有時候決定會這麼困難是因為伴侶通常都不是「完全的壞人」。難就難在，他也有非常好的時刻。

4-1 你的伴侶是否願意改變？即使有意願，是否有改變的可能？

這不是很容易，但卻是重要的工作。這又分成「改變的意願」與「改變的能力」兩個部分。

（1）改變的意願

首先你需要先評估，**你的伴侶是否有「改變的意願」**？在外遇事件被揭發後，他是否對此感到深切的抱歉、懊悔？他是否主動或至少明確地向你表達了歉意，坦然承認錯誤，願意對此行為作出彌補，同時負起修復關係的責任（彌補與修復關係，這兩者是不盡相同的）？他是否願意且能夠承諾，立即結束與第三者的關係？有時上述這些部分需要一些時間沈澱與釐清，但至少，他是否願意與你共同探索外遇的原因，彼此嘗試卸下批判、指責以及防衛，並共同探討你們的關係中與此相關連的重要議題？若已與第三者分手，他是否也願意獨自去處理，失去這分外遇關係所帶來的失落與其他未竟事物？此外，他是否願意與你一起接受伴侶治療，必要時再投入個別療程，為重建你們之間的信任、解決懸宕已久的婚姻問題、修復關係、和學習如何更好地再相愛而付諸努力？

「改變的意願」，需要從「話語」與「實際行動」兩層面去評估。有些伴侶，可以說得很懇切，也很願意承諾，實際上卻做不大到，或者行動持續的時間不長，這也許與他「改變的能力」有關，也許這些話語較大的成分僅是在安撫，是種權宜之計，而非真正下定決心有所調整。因而，你需要有一分內在的清明，與對伴侶的「話語」及「行動」的靜默關注。而那種內在的知曉與直覺，親愛的，是你本然就有的部分。只要你的情緒能夠被你自己接納並獲得合宜的梳理。

在此所謂的「改變」，意涵著「他是否仍想為維繫你們的關係而做出必要的努力及調整」。若對你而言，「一對一」的忠誠關係是非常重要的，那麼，這裡的「改變」具體來說，也就包含確實結束與第三者的關係。

線索藏匿在微細之處

從伴侶描述、承認、面對，繼而處理外遇的方式，其實可以窺見一些相當重要的線索。好比某位當事人，當她發第三次發現先生外遇時，雙方有過數次看似懇切動人的對談。然而當她事後冷靜回想時，她發現從頭到尾，先生並沒有任何一次，明確地表明要結束與第三者的關係。

儘管口頭的承諾仍須與實際行動合併來看，然而若連「**口頭的承諾都無法給予**」時，反映的可能是一個相當艱難的抉擇或狀態。

此外，**在事情未能全然揭露前仍不斷否認，或者僅是有層次地承認（被發現的部分才承認，沒被發現的仍試圖撒謊掩蓋）**，我會認為，也是一個比較不好的指標。因為對方猶想遮掩、猶想迴避某些自己也許該承擔的行為後果，部分也顯露了他尚未能誠實面對這個區塊的自己、尚未想為自己的行為負起全責，若此，其將難以真正敞開心來與伴侶共同處理相關的議題。

責任的推托也是一個指標。有些時候甚且是幽微的。以另一個當事人為例，在她嘗試弄清楚外遇事件的過程中，先生試圖用這樣的方式阻擋她與第三者交換訊息。實際上，他對兩造都有一定的欺騙及隱瞞，而他也全然不知道，兩位彼此友善尊重的女性，在簡短的電話聯繫中是如何互動的。這句話本身是某種「欲加之罪」，藉由「指控／控訴」的方式來「操弄」，意圖讓我的當事人因可能造成的傷害與罪惡感，從而停止試圖釐清真相的行為。這句話其實也僅從他的立場與需要出發，未能考量到被欺瞞多年的兩位女性的感受，以及了解「概略真相」的需要和權益。這句話，表面似乎在維護第三者，實則不然。底蘊是在保護自己，別再有更多事情被揭發，抑或避免所做的事情有被攤開談論的機會。這句話裡頭，更蘊含了扭曲的思維，意即：今天會對第三者造成重大傷害，是因為「你去與對方談論或揭開外遇這件事」，而非「外遇的始作俑者」我，與「外遇行止」本身。

也就是說，外遇這件事，可以做，但是不能說。「做」本身不會造成傷害，但你談論它則會。此種背後扭曲的深層認知，才是最棘手的。若沒有機會協助外遇者調整這些深層的信念，則你要問的不是，「外遇是否會再發生？」，而是「它為什麼不會再發生？」

從另一個層面來說，這其實也就是蘇珊．佛沃（Susan Forward）所謂的「情緒勒索(emotional blackmail)」的一種方式，用以讓對方產生不適切與過當的 FOG，亦即恐懼（Fear）、義務感（Obligation）或罪惡感（Guilt），目的在於迫使對方做出自己想要的行為或停止自己不想要的行為。儘管這些威脅或要求，時常被包裝成愛與關心，本質上卻是為了自身的需求與慾望，並未同等納入對方的權益、需要與意願，也不在乎如此做的後果會對他人造成何種影響。

外遇者透過此種「談論會造成傷害，因此過程中若有任何情緒或傷害產生，那是因為你想要談論它所造成的」，而不是外遇的他所造成的的藉口來推諉卸責。「這都是你的錯！」，把責任轉嫁於你，也可能因此而成功阻止更多事實被揭露、讓自己免於面對更尷尬的情境；而當第一者想要更清楚到底發生了什麼、與第三者共同被欺瞞了什麼，或者想針對這些已發生的事情進行立意良好的溝通、澄清關係中問題所在時，卻會遇到極大的阻礙，第一者可能得不斷地與心中的罪惡感相抗衡，並懷疑自己如此做是否反倒更傷害到他人。

外遇事件其實是需要被談論的，拿掉批判、責備、攻擊與防衛，懇切地談談到底發生了什麼，為什麼選擇如此行動？關係出了什麼問題？無論是遭受外遇的一方或外遇者本身，雙方都需要有空間表達內在的感受與傷痛。「談論」是必要的，「談論的方式」則是可選擇的。「說真話」是可行的，有一些說真話的方式並且是不傷人、也能讓人聽得進去。

無法談論，也是一個較為不佳的指標。

另外一種推諉責任，避重就輕的常見做法是，外遇者在事情被揭穿後，對伴侶「侵犯隱私」一事大發雷霆，指責第一者不該或根本沒有權利查閱他的email、簡訊、通聯等記錄。實際上，為數不少的第一者都是在意外的狀況下發現可疑的疑點，從而才有後續的調查。而真正對他人界線與權益的重大侵犯，其實仍是伴隨許多謊言與瞞騙的外遇者本身。

靜觀這一切的發生。你會有些清晰的覺知。

當外遇者僅有很少的歉疚，卻有比較多的懊惱，懊惱於「怎麼會被發現？」、「真是蒼天捉弄人……」、「是哪個朋友出賣我？」。若你發現伴侶存在這樣的感受，遠多於真切地為傷害到你感到難過，那麼，你可能也需要給自己更長的時間來觀察。

此外，不少外遇者其實是處於某種狀態，「我不想離婚，但也不想花太多力氣改變我自己，或是為關係努力」。親愛的，這就需要回到你自己身上了。最終，你還是得尊重他「不想改變自己，關係得過且過就好」這樣的選擇，但更重要的是，你也得尊重你自己，「想要一個品質更好的關係」的渴望。

(2) 改變的能力

醫療中我們使用「預後」這個辭彙來指稱當事人「康復的機率」。外遇者是否會再度發生外遇行為，也可以從「機率」這個角度來思考。在某些狀態之下，外遇者要能中止外遇行為的機率是極低的，不是不可能，但機率小，而若你非常肯定你要的是忠誠的關係，則你並不需要去賭那個極小的發生機率。記得嗎，「你需要去做必要的事，讓幸福能夠伴隨」。這個必要的事，並非祈求恩典、等待對方改變，而是，尊重對方的狀態，同時也尊重自己的需求，離開這個關係，也一併承擔起相應的責任，繼而再主動去尋找你要的關係。

以下是幾個可供你參考的指標，部分參酌了珍妮絲．史普林（Janis Abrahms Spring）教授的建議：

1. 過往情史與劈腿紀錄：

若你的伴侶僅有這一次劈腿的紀錄，並且也能夠正視並深入探討這個行為的成因與後果，那麼，停止外遇行為的機率是比較高的。但若是過往關係中曾有多次外遇，那麼，基本上已形成一種行為模式，除卻慣性本身是較難扭轉之外，成因也相對複雜同時與深層的個人議題糾結（有時甚且可能是人格結構的扭曲），因而行為修正的難度相對提高許多。此外，若你的伴侶先前的親密關係便是因為自身的外遇行止而痛苦分手的，然而他的下一段關係依舊出現外遇行止，那麼，停止此行為的機率又更低了。因為**即便發生高度痛苦的後果，依舊**

無法修正並學習新的行為，顯見此議題的難度，而許多成癮性的行為基本上都具備有這樣的特質。

另外一個檢視的角度是，你可以很認真地詢問伴侶，從過往的外遇行為中，他真正學到了什麼？透過伴侶的回答，你可以獲得一些訊息。有時單從回答，你便可以發現，對方似乎沒有學到太多；抑或是，相對於弊端，他可能領受到外遇行為更多的好處。若此，他為什麼要停止？此外，回應可能是相當「動聽的」，你仍需要落實到行為層次，亦即，去留意伴侶的行為，「他實際應用出來的」是什麼？

某些外遇者學到與真正去應用的是，「如何更神不知鬼不覺地偷情」、「如何留意及湮滅證據」，好比，有位外遇的配偶實際應用出來的學習是：把電腦搬到辦公室去並設定密碼、養成隨時刪除手機簡訊與來電紀錄的良好習慣、發票一定收好不亂丟、將手機通訊錄中每個「妹」的名字更改成中性的名字等。

於是你會知道，伴侶真正的意向與努力的方向是什麼了。無論他口頭上如何懺悔、承諾，「行為」會說真話。

總而言之，過去的戀情提供某種借鏡：習慣的模式不容易更改。

2. 說謊的慣性，是否延伸到與外遇情事無關的事項上：

若你的伴侶，基本上是誠實且具信用的，重視自己的承諾，也會盡力去踐履，其僅在與「外遇」有關的這件事上持續對你說謊（指的當然未被揭發前），那麼，停止此行為的機率是相對較高的

然而，若他習慣性說謊，無論大事小事、重要或不重要，並且多數是「為了自己的方便與利益」，而非為他人著想，那麼要他日後停止「欺騙」，就算僅限定在「外遇行止」上，基本上也是相當困難的。

好比，他可能捏造他的學歷、某些經歷、年齡、職位、婚姻狀態、有無孩子等在無關乎把妹的情境裡。

當你的伴侶具有說謊的習慣、習慣誇大或過度淡化、說話時會刻意去強調某面向同時隱匿其他面向從而使他人形成某種「有利於他」的既定印象、時常承諾許多做不到的事項，那麼，要他停止在關係中的欺騙，相對會困難許多。

上面兩個衡量方式分別和「外遇行為」及「欺騙」有關，下面則與「與人建立真實親密

的關係」和「愛的能力」有關。在此，我會提及一些比較極端、卻並非不會遇見的情況，多數大眾心理書籍對於達到病理或心理疾患診斷程度的某些現象，經常是輕描淡寫地帶過，或表明超出本書的範疇。此種做法確實能夠避免引發不必要的恐慌、診斷被濫用、過度診斷等問題；但另一方面，這些可能具備了嚴重的心理病理、內在被黑暗深深遮蔽的人，卻可能就是你、我身邊某個敬重的師長、知名的權威、重視的朋友、隔壁的鄰居，甚至是生你養你的雙親，更甚者，你的親密愛人或配偶，與你和孩子朝夕相處。何以這些真正危險並具傷害性的情況，卻因病理嚴重而被排除在討論之外呢？

對這些危險人物初步的認識與判斷的知識，是重要的。但也要小心不要濫用診斷了，這些描述不是讓你替你的配偶「貼標籤」或者拿來證明對錯用的，這絕非我的原意，這樣做也對事情一點幫忙都沒有。這些資訊，是要讓你有所警覺；**與人格結構違常的另一半相處時，常發生的是，你會產生對你自己的認知、感受與判斷的嚴重懷疑**，這些資訊提供你一個定錨點，讓你了解人性確實有這樣的狀態存在，從而能夠聆聽你的直覺，採取必要的行動拯救你自己以及荏弱的孩子。

3. **欠缺良知的「反社會人格」——在做傷人的事情時並沒有真正的罪惡感（盡快結束為宜的關係）：**

若你的伴侶，在某些時刻，曾讓你打從心底感到不寒而慄……當時不一定是針對你，你可能僅是旁觀，也就是他的某些行為，在某層面冷酷到會讓你發抖，瞬間你可能有不知道這個人是誰的感覺，不像一個具有情感和良知「人」……，同時又讓你迷惑不已，不懂像他這樣的人為什麼要這樣做？這似乎並不合理，應該是你自己哪裡弄錯了……，而這種情形不僅發生過一次……

不是每個人都具有良心。在《4％的人毫無良知》這本書裡，哈佛大學醫學院的瑪莎．史圖特博士（Martha Stout）對於人格特質中以「對立性」和「去抑制性」為主的「反社會／精神病態類型」（註1）做了深入且細膩的描繪，並且大為顛覆學界與大眾的刻板印象和想像。史圖特博士依據一些實徵研究結果與自己在創傷領域的工作經驗，認為「反社會人格」的盛行率可能是4％，亦即每一百個人裡面便有4個不具備良知。這部分解釋了社會上何以有一定數量的冷血謀殺、性暴力與性侵、虐童、毆打配偶、遺棄孩童、恐怖主義，好戰等事件。而上述還僅是較容易被看見的「暴力型」反社會人格，「非暴力型」為數更多，好比商業騙局、詐騙集團、愛情騙子、黑心食品等，這些「非暴力型」甚且可能就隱身在與你熟悉或親近的人裡頭（註2）。

史圖特博士認為，「反社會人格」的所有症狀或特徵，都是圍繞著「缺乏良心」這個常人難以想像的心理狀態的行為表現，完全沒有或是僅有很少的一點罪惡感或悔意。對一般人而言，良心是自然且再尋常不過的事物，對於自己未能盡責、做錯事、傷害到他人，或似乎剝削到他人會感到不安、罪惡、歉疚、與懊悔並且在某程度上會主動約束自己的行為。

「**良心是某種類似義務感的事物**，是建立在對另一個生物（不見得是人類）的情感依附上，或甚至是建立在跟人道有關的情況上。**如果跟某人，或是某事沒有情感連結，良心就不存在**。而如果良心就是建立在跟某人、某事的情感連結上，良心就跟情感光譜裡稱為『愛』的東西有密切關係。」

「反社會人格」便是欠缺此種「情感連結」，對誰都沒有情感依附，儘管他們絕大多數都能後天「學會」隨心所欲且熱烈地表達情感，就像學習第二語言一般。聰明的反社會人格者都學得會也嫻熟於「日常生活的情感表達」，他們多是天生的演員，能夠表現出讓一般人會與善良、仁慈、熱情、浪漫等情感連結在一起的語言和神態。好比看到一隻狗受傷時，淚眼汪汪地說「它好可憐喔」，而這並不難。實際上他們卻體會不到背後的情感，其是以「情感淡薄」著稱的。

簡要地說，**「反社會人格」是一種不尊重他人權益並且不斷侵犯的廣泛模式，對他人的欺騙與操縱是行為的基調，善於利用他人；在傷害、剝削、利用他人後，並不會真正感到悔恨或罪疚；持續地不負責任**；無法符合一般社會規範的要求；對刺激的需求量比正常人多，因此常會冒很大的風險，也會施展魅力引誘他人冒險；可能會突然變得「不顧他人安危」，施展暴力；某些時刻易衝動，無法事先計畫。其經常也是非常迷人的，性感、有趣、個性複雜而強烈，具備獨特的領袖魅力；能言善道，擅長做表面功夫，有的亦嫻熟於奉承，運用自身的性魅力等工具。

他們做出許多令人髮指或不解的惡行，常常僅是因為無聊，抑或為了「好玩」，享受「遊戲」或「贏」的感覺。樂趣在於奪取，而非擁有。我的一位當事人，八、九歲時某天父親謊稱要帶他去買糖果，結果卻把他載到覷無人煙的地方就地丟下，揚長而去，他經歷了困惑且極度驚恐的數個小時，入夜之後才被帶了回來。而這純粹只是因為他的父親那天下午很無聊，想找點樂子。

大多數人都不會想到，「構思一場種族清洗」和「毫無罪惡感地跟老闆講一個同事的壞話」之間有任何對應關係。事實上，這兩者卻可能極有關連，都是由於「欠缺良知」。我在寫這篇文章時，一位年輕的重機騎士撞到了十歲的小女孩，因為寶貝機車受損還下車重踹了她幾腳……有很高的機率，這位騎士便屬於那4%的人口。而這樣的新聞，你每天都可以看得到。

這些沒有因為犯罪行為入獄、生活在你我周遭並且未被辨認出來的反社會人格者，才是最可怕的。好比，透過吃軟飯來剝削另一個人、偽裝愛人騙光你的積蓄、大師斂財等。

如何在生活裡辨別出這樣的一群人？我非常同意史圖特教授的觀察，不是大眾以為的隱隱透露出來的邪惡氣息、肢體語言或威脅恫嚇。**反社會人格者最容易被人發現的線索，其實是「裝可憐」的戲碼，也就是「訴諸你的同情」，他們總是能夠輕易地讓你對自己的某些行為產生罪惡感與動搖，讓你感到自己如此對待他似乎真是太過分了，自己不該對他有那些負面觀感和懷疑。他們是讓你產生罪惡感和自我懷疑的天才。**另外一個也經常使用的伎倆，是「性的誘惑」，由於對多數人來說，性關係不免牽涉到感情，就算是露水姻緣亦然，反社會人格者會利用這種透過性而產生的情感連結來得到他們想要的東西，好比：身分職位、忠誠、金錢資助、某些資訊、「贏」的感覺、或是協助他們維持某些偽裝。對於這種「裝可憐」，你可能很熟悉，在某些虐待性關係裡，包含外遇不斷的關係裡，經常可看見。

「**請牢牢記住，一直表現出傷害他人或是不良行為，卻又經常裝可憐，爭取你的同情，就是貼在反社會人格者額頭上的警告標誌。**擁有這兩個特徵的人不見得就是殺人狂，或是生性兇殘。但你不應該把他們當好朋友，或是跟他們合夥做生意，或是請他們幫忙照顧小孩，或是嫁給他們。」

許多反社會人格者，之所以未被揭露，我覺得，有相當大的成分和深受其害者經常為發生的一切感到極端地「羞愧」有關。這些當事人無法和他人談論，一些極端教人髮指或不敢置信的事，擔憂別人可能認為自己瘋了；抑或這個人是你的至親、手足、配偶……連想到都覺得羞恥的事，如何跟別人啟齒，那是你至親的作為？**而這也好像，「背叛」了對方，或者，揭露了你並無權揭露的隱私？**

以下是一個與外遇有關的真實案例，說明了何以這些人未必會被揭穿：

「我與男友認識並交往了一年多。一天，我意外地在他的電腦裡，發現許多令人震驚的事情。包括，他大約有近百個透過臉書或部落格認識的女性網友，都是主動搭訕而來的，他經常約不同的女人去吃飯、看電影、夜店喝酒、跳舞，一律都說自己單身，偶爾杜撰年紀，或說他曾住在美國等。

還曾有不同女網友的內衣褲留在他家裡。而我們剛開始交往時，他其實有個住在中部的女友。

我僅單就一件事去問他，並希望他能自動坦誠其他的。但他沒有。只要他認為我不知道的，他就一概否認或不會提起。我提分手，他要我陪著他給他力量，說他為我改變了很多……他願意把一切都給我，包括讓我管錢等等。重複許多次「妳真的對我真的很重要」。最後，我告訴他，所有我知道的事情，他才願意鬆口承認。

然後，非常戲劇性地，那天傍晚他來到我家，說「我配不上妳」，然後要求我把一切紀錄刪掉，也就是我從他電腦裡複製下來的、他與女網友們所有曖昧的紀錄。他要我留一點最後的尊嚴給他，我不懂……然而，我們交往這麼久，這是我第一次看到他落淚……他閉著眼睛，雙頰潮紅地在講這段話的。他說，他自己也很不能面對另外一個他，好像白天是一個人，晚上又是另一個人……而他好的那一面，真的很愛我……請我把這些紀錄刪了吧。留著這些並無益於他的改變，只是使他在想改變時更為困難而已。

我非常非常地傷心，也開始覺得自己好像不該留著這些讓他如此羞愧且傷痛的證據，我好像沒有權利這麼做……臨走前，他又表示，希望我留在他身邊，給他力量改變。」

這個男友，其實有著良好的社會地位與形象。而這位當事人則握有能夠動搖他的形象的證據。「妳留著這些證據，會讓我傷痛不已，最後一點尊嚴都被掃蕩無存」、「請你保留最後一點尊嚴給我，把一切都刪掉吧」、「我真的非常愛妳」。訴諸可憐，動之以情。這是為什麼「反社會人格」者可以悠遊於你我身邊的原因之一，一個獵物換過一個……太多受到傷害的人覺得自己沒有權力揭發、或者如此做將嚴重傷害到對方的心靈。

以下有幾點實用的建議，當你懷疑生活中有輕度到重度的反社會人格者存在時：

＊在自己的直覺和權威角色（老師、醫生、心理師、療癒者、領袖、愛動物的人、神職人員、家長）之間，選擇聽從直覺

＊把「事不過三」這個原則當作最高指導方針。一個重大謊言、一個沒履行的重大承諾，或是一個沒盡到的重大責任，或許是誤會，但三個？你可能就是碰到沒有良心的人了

＊保護好自己的最好辦法就是「避開他們」，不再跟他們有所接觸或溝通。至少降到最低、最低的程度

＊不要跟他們糾纏不清

＊不要嘗試彌補已經無法彌補的事情

*質疑自己對不斷製造傷害的對方的婦人之仁

*「這是你欠我的」，以及「你跟我一樣」是他們常說的。請記得：「你跟他們不一樣」同時，「無論在什麼樣的關係裡，每一個人都有不被傷害的基本權利」

你要認知到，「這個黑暗並不是你能處理的」，實際上你並無法改變他們的性格結構。

你能做的最好的事，就是帶著孩子盡量平和安全地離開這樣的關係，並在往後的數年裡學習保護自己與孩子。

4. 欠缺感同身受能力的「自戀型人格」——多數時候只能顧及自己的需要和利益，難以同理他人的感受，並尊重他人的需要與權益（盡快結束為宜的關係）：

另外一種，病態且受虐的關係，來自於與人格疾患中「自戀型類型」的人的交往（以下稱為「自戀型人格」）。用簡化的比喻來說，其就好比擁有一半的「反社會人格」特質，另外一半不同的，則是「自戀型人格」猶能夠感受到「自身的」情緒與情感，因此在某些時刻確實是會痛苦、憂鬱、恐懼、感受到被愛等，「反社會」人格則感受不到這些情緒與愛，一些生理研究發現，其僅有較原始的疼痛反應，鮮少有害怕、憂鬱等感受。

「自戀型人格」的主要特徵是「膨脹的自我感」與「欠缺同理心」，經常會放大與誇耀自己的重要性與過往事蹟，自我中心且愛面子；難以辨認或真實看到他人的需要及感受；相信自己是優秀卓越、特殊且唯一的；需要大量的讚美與關注；認為自己應得許多權利；時常嫉羨他人或者相信他人正嫉妒著自己；在關係中，容易淪為剝削與利用他人的一方，無法和他人發展出公平互惠、有付出有接受的關係。

「自戀型人格」最容易被辨識出來的特徵，其實是持續發生的「界線侵犯」。有時候這些規則、界線的違反極為明顯，好比犯罪行為，其他時候則相對幽微、甚至可能被視為正常的，好比欺騙他人自己未婚的外遇者、未經你同意便擅自取用你的所有物的手足或朋友、總是替你做決定的雙親、未先知會便大肆更動你的廚房、傢具、衣物擺放的長輩等。重點是，這些界線的違反是規律且持續地發生。

處在與自戀型人格交往的受虐關係，或受雇於自戀型企業老闆的人，比想像中要常見。一方面是因為大眾對這種人格特質的認識不足，另一方面也是因為當前的社會其實是鼓勵這種自戀性格的社會，人們崇尚的許多名人其實都具備「自戀型人格」的某些特質，諸如：不斷出現性醜聞的明星球員、貪污的政治人物、攢壓勞工的企業家等。

自戀型人格的父親或母親，也非常容易養育出自戀型人格的孩子。因此，若你的伴侶具備輕度到重度自戀型特徵，或者便是那1%完全符合的典型自戀者，那麼你需要更進一步地認識此種性格特質，學習如何「解毒」，保護自己與孩子，並養育出非自戀型的孩子。特別在幼兒開始發展「真實自我（real self）」的重要階段，學習情緒的調頻，協助孩子減輕和學會調節羞愧等感受，繼而發展同理能力，是非常關鍵的事項。

這些人格疾患在戀愛初期，經常是極為浪漫動人、充滿強烈熱情的。彷彿與你融合為「一」（註3）。自戀型人格者在人群中時常特別突出，有某種表淺的魅力與獨特性，而在關係的最初階段，被追求者可能明顯感受到，從來沒有人這樣熱烈地愛過自己，或這般追求自己，如此動人心弦，彷彿乘坐雲霄飛車一般刺激且強烈的愛情。關係中期，則逐漸開始變調。

同理他人的能力，是愛的基礎。因而「自戀型人格」其實是沒有太多能力付出愛的。此外，關係裡會有許多的扭曲、滲透、剝削、貶抑、利用，使得置身其中的人，「自我」逐漸地消融、崩解。基本上這也是，盡快結束為宜的關係。

5. 肢體暴力、精神虐待、與各式成癮行為（盡快結束為宜的關係）：

無論是肢體暴力、精神虐待或各式成癮行為，包含酒精成癮、各種藥物成癮、性成癮、網路成癮、賭博成癮等，在這樣的關係裡，清楚設立你自己的界線是非常重要的。努力到何時，再無具體改善，最好的做法便是毅然離開。

你留下來與這樣的伴侶一起受苦，對誰都沒有真正的助益。而孩子往往是最大的受害者。附帶一提，我會認為，無論是反社會人格、自戀型人格、藥酒癮與性成癮等成癮行為，真正的救贖可能都不在當今的精神醫療體系或心理治療裡，而在於「同時具備有靈性的修持」，或者說，得要在「身心靈能夠整合的療癒」之下，才能完成。

6. 好的指標：

*具備感同身受的能力，能夠傾聽並體諒你的痛苦，為你所遭受的覺得心疼

*真切地為外遇行止傷害到你與你們的關係感到懊悔、難過

*願意去看到自身黑暗、深刻地認識自己，同時在關係裡能夠說出他的真實，並「致力於溝通他的真實」

*不會因為害怕衝突，或害怕失去愛，而不敢溝通自己的需要和感受。至少願意學習

*願意也理解到有必要去處理過往未療癒的傷痛，探索並完成未竟事務

*聆聽並尊重你的觀點，即使和他的觀點並不相同

*把你看成獨立的個體，而非他的延伸

＊多數時候是能說到做到的人，重視自己的承諾

＊理解到關係的經營與維繫，是需要投入許多心力的，而其有意願為更好的親密關係而努力，也確實能付諸行動

4-2 在外遇發生之前，你們整體的關係品質如何？

另外一個值得去思考的問題是，在外遇發生之前，你們整體的關係品質為何？若撇開外遇不論，這是否是一段彼此都滿足、快樂的關係？你們是否是合作良好的父母，無論關係如何，依舊願意為了孩子而放掉情緒、共同合作？

這段關係是否還有機會成長？是否能夠逐漸從低意識走向高意識？是否仍有機會去符合各自重要且合理的期待和需求？而那又是什麼？同時外遇的那一方，也需要去思考，問題是否出在你的「期待」，而非伴侶身上？

以上，都是需要你們逐一檢視的議題。

4-3 雙方都有誠意的復合：有潛力且有希望的關係

很多關係都是值得再努力的。一生當中，我們也都可能會犯錯，有時關係也需要留下一些容錯的空間。有關「危機」最好的定義之一便是：「聲嘶力竭地冀求改變」，所有危機都提供了檢視現狀，繼而向上提升的契機。重點是，我們是否願意，以及究竟能夠從這些錯誤當中學習到什麼？

有潛力且有希望的關係，除卻前述「口頭的保證」與「實際的行動」缺一不可外，亦須具備較多良好的預後指標。整體來說，**雙方都有意願探索外遇的意義，並適當的分擔責任。外遇能夠被攤開來談論，各自的情緒也都能適度地展露並被溫柔地承接。外遇者額外需要採取一些致歉與彌補的行動，使受傷害者感到能被撫慰與重新獲得安全感；此外雙方仍都需要對婚姻中的議題與重建親密採取「均等」的行動。**

除卻外遇事件本身的意涵、發生的時間點（是否有某些重大人生事件一併發生）之外，可能還需要往內挖掘，外遇者某些「合理化外遇行止」的扭曲信念，這些信念若未能被辨認出來並充分討論，外遇事件依舊有極高比率再度發生。這些信念諸如：

- 我只是犯了全天下男人都會犯的錯。哪個男人不偷腥？

● 一夫一妻制不符合人類天性
● 只要我的伴侶不知情，就不會有任何傷害
● 我以為不會被發現
● 我不必犧牲自己的需要，來讓伴侶感到安全或快樂
● 我從來沒有承諾過要做個完人
● 我有權利隱藏部分自我，不必和伴侶分享
● 只要我沒有真正愛上別人，逢場作戲沒什麼大不了的
● 我跟他只有性的關係而已
● 我無法控制我的衝動
● 外遇讓我變成一個更好的伴侶
● 外遇滿足我的需求，又不破壞我的家庭生活
● 只要是出於愛情，就情有可原
● 我的伴侶可能多少知道一點，但是他沒有說過什麼，所以應該是還好

此外，遭受外遇的一方，也需要學習避免以過往的「外遇行止」作為「情緒勒索」的手

段與籌碼；同時也需要體認到，療癒傷痛與平撫情緒的工作，絕大部分仍是自己的責任。僅是透過外遇者提供撫慰、同理、陪伴、再保證與必要的協助，是不足的，藉由關係重建內在安全感與平撫傷痛，也只是療癒的一小部分。而這個歷程從來就不是一蹴可幾的，多半比雙方所預期的耗時更久、路途更長。

4-4 傷害性的關係：需要你學習決斷放下的關係

在沒有能力愛人的人身上，尋找愛

蘇菲教派流傳著一個故事。納魯斯丁在街燈下尋找他的鑰匙，並非因為他可能把鑰匙丟在那裡，純粹只是因為那邊的光源充足。

並不會因為他是你的父親或母親，你現任的丈夫或妻子，他就能夠愛你。這些角色，法律上的關係，骨肉血緣，與對方能否充分且恰當地給出愛，其實並無太大關連。

也許，一直以來你不斷在檢討「自己」，是我哪裡不夠好、能力不夠強、嘴巴不夠甜、不夠有男性或女性魅力……所以他不愛我。然而你可曾思索過，也許這位至親或伴侶，「給出愛」的能力本身便是缺損的。

不要只因為街燈下的光源充足，因為某種身分與關係上的「便利性」，便執意在那裡尋找鑰匙。

除卻無法給予愛，這些關係本身也經常是虐待性或傷害性的；抑或伴侶根本無意與你共同努力，也不再投注心力於關係上。此時，你需要學會的是，放手，讓愛自由。有一天，伴侶若能確實處理好自身的問題時，重新在一起都還不遲。

讓自己逐漸具備「離婚的條件」

許多關心的親友們忽略了一件事。他們可能不斷責備當事人，何以不果決離開一段病態的或受虐的關係。先生不斷外遇，初期還有一點補償與歉意，到後期根本就明目張膽、無視妻子的存在，婚姻早已名存實亡，親人與朋友痛心疾首，不明瞭何以當事人還不離開？

離開一段婚姻，是需要有「離婚的條件」的。包含：

1. 經濟能力。
2. 獨立生活的能力。
3. 獨處、處理孤單寂寞的能力。

4. 合理的認知信念。
5. 一定程度的自我認識。
6. 家人或朋友至少一人的支持。
7. 獨自承擔父職或母職的自信與能力。
8. 分離的預備與決心。情感的抽離與道別。
9. 行動力。
10. 機會。

幸而，每一項都是可以培養的。

4-5 我的底線與我的選擇──「把時間花在誰身上，對人生會有很重大的影響」

我很確定，在與前伴侶的這段關係裡，我要的是「一對一」的交往。我並不反對多重關係，但那遠不是當時或現階段的我所要的。

婚姻的經營本身，以及育兒的長期過程，都需要雙方投注很大的心力與大量的時間。一旦不斷有第三者的介入，很大程度便分散且耗盡了原本能夠用來挹注於這段關係與這個「家」的時間與精力。兩個人在一起，隨著關係本身的進程與變化，原來就有修不完的諸多課題了，若再加進第三人，實在是複雜到難以為繼。

此外，對熱愛治療工作的我而言，我希望自己的親密關係是能夠提供給彼此深厚支持和鼓勵的良好後盾，而非關係本身便是生活變動及混亂的來源。這個世界裡有這麼多好玩有趣的人事物與體驗，我渴望能把時間花費在這些有意義的事物上頭，為地球創造更多的愛與美好，而不是隨時得回頭來關照，我的伴侶現在在誰的床上？我與孩子是否有得到愛滋病或性病的可能？伴侶此刻說的話裡，哪一句是真的，哪一句是假的？

我厭倦了臆測與謊言。也感覺到在有毒的關係裡，愛不斷地流失，整個人逐漸空乏且扭曲了起來。

就許多層面而言，我的前伴侶是一個不容易中止慣性外遇行為的人。他難以真切地看出他人的需要，或對他人的痛苦感同身受……對當時的他而言，我並非一個獨立的個體，而比較像是他的延伸或財產，用以展示、具有功能的事物。他被自己的恐懼與想贏、想成功的渴望緊緊綁住，看不到也無法理解我的需要、感受及權益；一個不具備同理能力的人，根本上無法愛人。

留在這樣的婚姻裡，其實有許多「隱藏的成本」，又叫「沈沒成本效應」，是許多恐懼於離開的人們未曾留意到的。這些隱藏或沈沒的成本，包含婚姻中族繁不及備載的諸多既定職責（光是這些就能耗竭一位女性）、每一次外遇紛擾帶來的強烈情緒負荷（情緒上的成本）、無法與枕邊人真實親密及賦予信賴背後極大的孤單與失落、重建新生活的機會與時間成本的流失以及當我自己極端不穩定與匱乏愛時，如何平穩且好好地照料孩子？

當時我曾開玩笑地對友人說，**「不要教豬唱歌。妳浪費了時間，豬也不高興」**。

現在回頭來看，顯然當時心中仍有怨懟。而現在，卻充滿了許多對前伴侶的祝福與感謝。也感謝自己如此勇敢。

愛情，是很棒的禮物，卻非人生的必需品。

對於致力於一段對方無意投入經營的關係，或者管好一個男人不出軌這件事，我一點興趣也沒有。我始終認為，這是個人的職責和選擇。就算最終這段婚姻成功維持了「一對一」，馭夫有術，那又如何？我從來就無意駕馭任何一個男人！我希望他若與我在一起，那就是他自發的決定和選擇，他會願意並能夠管束自己留在一對一的關係裡。此外，我也很清楚知道，有更重要與更有價值的事物值得我全心投入，而後者才是我這一生的使命與追求。

里爾克曾說：「唯有啟程離開，事物的本質方能充分展現」。離開之後的這個距離，讓我得以從全然不同的角度與高度，審視生命中的這段經歷。在我三十多歲的生命裡頭，沒有任何一個時期比現在的我，更感到「我」的整全與豐足。生命是這樣充滿意義，人與人之間，無論相識與不相識，都存在著深厚的關連與交互影響。我經常感到，沈靜且滿溢的幸福。

我也謝謝前伴侶所做的一切，無論是婚姻當中或者結束婚姻以後。倘若「這一世所有發生的事，都是靈魂們前世相約而成」的說法為真，那麼，親愛的夥伴，你一定是我很好、很好的朋友，此生才願意演出那麼艱難的角色。

註1：「反社會／精神病態類型」（antisocial／psychopathic type）過去也曾被稱作「反社會人格違常」（antisocial personality disorder）、「社會病態」（sociapathy），或「精神病態」（psychopathy）等，本書中我們簡稱為「反社會人格」。在2013年5月出版的DSM-V（美國APA發行的《精神疾病的診斷與統計手冊》第五版）中，人格疾患從DSM-VI的「分類取向」轉向「向度取向」，亦即不再單從類別來區辨人格疾患，而是從六個不同的向度（以及每一個特質領域失功能的嚴重程度）同時來做評估。此六個向度分別是：情緒的負向性（negative emotionality），內向性（introversion），對立性（antagonism），去抑制性（disinhibition），強迫性（compulsivity）與分裂病性（schizotypy）。除此之外，也從與六個典型人格疾患類型（prototypic personality disorder types）的相符程度來作評估，此六種類型分別是：反社會／精神病態類型（antisocial/

psychopathic type）、逃避型類型（avoidant type）、邊緣型類型（borderline type）、自戀型類型（narcissistic type）、強迫型類型（obsessive-compulsive type），與分裂病性類型（schizotypal type）。其中，與慣性外遇行為以及對他人的操控最可能有關連的，是反社會／精神病態類型、自戀型類型與邊緣型類型。

註2：過去有許多學者嘗試對「精神病態」分類。其中有一些分類很有趣。好比人格理論學者希鐸．米隆（Theodore Million）的十種分類。當中有一種「垂涎型精神病態」（covetous psychopath），是對他人擁有的東西（好比美貌、聰明、成功、個性等）產生強烈的慾望，不是所有反社會人格者都會垂涎他人的東西，但若「垂涎他人」和「缺乏良心」這兩個狀態結合在一起，那麼，這個人就會變得非常可怕。特別是一些他人根本無法被奪走所有物，那麼，反社會人格者就會竭盡所能地摧毀它們。

註3：基本上自戀型人格便是，把你看作「他」的延伸。實際上並沒有「你」，只有「他」，一切都是為了「他」的需要而存在的。在熱戀中因此特別有融為一體的感受。

內在的紅玫瑰— 連結你內在的直覺

在此，分享一個我所學到的方式，能夠直覺式地感知，你與你重視的每一個人互動的能量品質。

依舊請你找一個不會被打擾的時間與空間，讓自己沈靜下來。你可以透過靜坐，或徐緩深沈的呼吸來穩定自己。

想像你拿著一朵嬌豔欲滴的紅玫瑰，放在你的腹部之前。這朵紅玫瑰象徵著你的活力、生命力、與熱情，代表著你獨特且珍貴的那些部分。

讓某個對你很重要的人，出現在你腦海裡。你站在他／她的前面，把這朵原來置放於你腹部之前的玫瑰，親手送給他／她。與他／她分享你最深的熱情與生命力。想像他／她會有什麼樣表情？他／她如何接過這朵玫瑰？接過之後又會做些什麼？而這朵玫瑰最終會被如何處置？

再想像你的感受？與這朵玫瑰在過程中是否更為盛開、綻放？或者逐漸變得泛黑、枯萎，甚至凋零？

如果你與這個人之間的互動是正面的，對方會喜悅地接下你的紅玫瑰，同時變得更快樂，他／她也會同樣細心呵護、滋養珍重這朵代表你最深的渴望、活力與獨特性的玫瑰。而後，同等的能量會立即回流到你身上來。那麼，這是一段相互滋養的良好關係。

倘若這朵玫瑰在贈送給這個人的過程中，變得奄奄一息、憔悴委頓，甚且逐漸死亡……你得要好好問自己，為什麼我還要把玫瑰送給這個人？如此害怕失去他／她？ 這是你想要的關係嗎？ 你能不能夠把玫瑰留在自己手上，然後由自己來好好地照料與滋養它？ 你能不能夠把玫瑰留在手上，然後，走你自己的路？

第5章
愛。謊言。關係中的外遇

「謊言賦予了欺騙者，掌控被欺騙者的力量，不論欺騙者知情與否，說謊的模式無可避免地會扭曲侵蝕人與人之間的關係。」

～哲學家西塞拉．波克（Sissela Bok）

「謊言賦予了欺騙者，掌控被欺騙者的力量，不論欺騙者知情與否，說謊的模式無可避免地會扭曲侵蝕人與人之間的關係。」

～哲學家西塞拉．波克（Sissela Bok）

我並不認為，發生在關係中的「外遇行為」，一定是錯的，抑或必定不能被允許；我其實不大喜歡「對與錯」這樣的二元區分。此外，我會傾向於認為，一段健康且充滿愛的關係，未必得囊括「愛與性的忠誠」。比起忠誠與否更重要的，是「真誠與尊重」，亦即「伴侶雙方的知情和同意」。

也就是說，多重伴侶的關係，可以是一種選項。**偏好同時間能與一個以上的情人交往的人，便與願意且能夠接受此種關係型態的人們在一起**，而不是既要佔著一對一忠誠關係裡頭的許多好處，又不願意放棄情感與性其他發展的甜頭；在此心態下，遂衍生了許多謊言與欺騙，不僅僅是針對原來的伴侶，之於後到的第三者、第四者，多半也有相當程度的撒謊與隱瞞。

而清楚表態欲選擇「一對一且保持忠誠」的關係的人們，也必須被尊重。若你偏好同時擁有多重關係，但今天你想在一起的伴侶很明確地告訴你，他要的是一對一的關係，那麼，你可以選擇不與他在一起而保有原來的多重關係型態。然而若是你想要與這個人進一步發展，在與他的關係存續的時期，你就需要尊重他的偏好，斬斷其他曖昧的可能並努力保持忠誠。直到某一天，也許出現了另外一個人，你極為想要與他更進一步，在走到那裡之前，你需要讓原來的伴侶知道「你的真實」（亦即不打算再維持這段關係初時所要求的一對一的承諾），同時讓他能夠選擇，是否繼續與不打算再維持一對一關係的你在一起。他有選擇說「不」的權利與自由，就像最初你有選擇多重關係的權利與自由一樣，這些都是需要被雙方看見且尊重的。而若你的伴侶選擇了離開，那麼你需要學習尊重他的決定，放手讓他自由；而若他選擇了接受並留下來與你在一起，那麼，他便必須去處理自己，因此而產生的許多感受與覺察內在的的「執著」，學習如何與「這個你」繼續相愛。也或者，你們的愛包含允許彼此離開，踏上對各自最有益的生命的道途。

這樣的關係，蘊含了「真誠」與「尊重」，真誠地分享交流、勇敢告知對方自己的真實、允許對方選擇並尊重其選擇。**這才是關係裡真正重要的本質。這樣的關係，才是愛的關係，基本上是健康且自由的。**關係的健康圓滿與否，與有沒有被另外一個人吸引，甚且發展成另一段關係，是沒有絕對關連的。重點是如何處理與因應這樣的吸引，何時遏止轉化，何時鼓勵甚且祝福。

5-1 謊言其實與權力和控制有關，無關於愛

威廉．竇赫提（William J. Doherty）在《心理治療的道德責任》中提到，「欺騙的目的在於『掌握權力』與『暗中保護自己』，而誠實（在體貼的情境之中）則是『分享權力』與『願意顯露脆弱』。」

關係中的謊言，是一種操控，並剝奪伴侶的權利。許多遭逢外遇的當事人，最憤怒的，其實並非外遇情事的發生，而是在生活與互動當中不斷出現的謊言。好比一位當事人最感到生氣的，便是她與前夫從相識的第一天開始，對方便夾雜在事實當中的諸多謊言。好比對方當時告訴他，他已單身一年了，而我的當事人據此認為，這個男人確實從前段感情結束的傷痛中有所成長了。她認為，一個關係總是連續甚且重疊的人，在經歷摯愛的離開後，能夠實在在讓自己單身一年，怎不是一種值得肯定的進步呢？

這位男士的謊言，明顯剝奪了我的當事人，許多「知情」，知道「對方相信的真實」與了解「對方認識的自己」，繼而「做出自己的選擇」的權利。

竇赫提對「誠實」另有一個很清楚的界定。他所謂的誠實，並不是指永遠要說出，事實上為真的真相，而**是指說出一個人，「自己相信為真」的真相**。好比我答應你會出席某場聚會，但我完全忘記了當天已有重要的其他安排，那麼，我對你仍是誠實的，儘管我仍是得處理這

個對自己的錯誤認識所導致的後果。「**誠實的程度受限於我們對自己的認識，以及我們自我欺騙的傾向**」，大多數人對自己的認識及覺察是有限的，也或多或少持有一定程度自我欺騙的傾向，**因而，一個人最多也僅能說出，自己知道或相信為真的真實**。

而「謊言」，根據西塞拉．波克的定義，則是「用陳述方式呈現，刻意欺騙他人的訊息。」舉例來說，前述那位當事人的前夫聲稱單身的那一年，先後仍與兩位女性維持至少一個月以上的情感曖昧與性關係，女孩們並且認定他為男友。除非該位男士對「單身」有著超乎一般的特殊認定，否則他便是在對我的當事人「說謊」。

說謊是一個主動的動作，不同於只是不告訴你某件我已知的事情。「說謊」和「保守祕密」不同。前者編造了另外一個故事，並且是述說者自己都不相信的故事；後者則屬於隱私的範疇，而每一個人都有合理範圍的隱私。「誠實」其實也並不意謂著，一個人就必須毫無保留、一五一十地坦誠他每個思想、感覺與行動。

然而，**在關係中，因為涉及到另外一個人「知的權利」與其他重大利益，個人「隱私的界定範圍」就需要重新被調整。當一個人的某些訊息關乎到另外一個人的未來、利益、健康，或可能擁有的選擇時，便不再屬於隱私的範疇，反而是需要被分享與告知的**。好比，你過往的性關係可能危及現任伴侶的健康；你懷有某些隱疾，可能使得與你結縭的對象在數年後必須要照顧你或承受你可能較早離去的事實及後果；你有負債，必須定期償還的金錢使得你的薪水無法全數用在家計維持上，或者必須花費更長時間工作，而這可能使得你的伴侶一方面必須擔負起相較於你無負債時，更高比例的家用，另一方面也可能需獨力承攬起對家庭的照料，比預期你無負債時更長的時間。

若以外遇行為來看，你暗地裡發展婚姻以外的關係，而伴侶卻仍以「彼此都是唯一」的方式投入並照料著這個家與你的生活，你之所以有外遇的空檔時間，是伴侶在「同時間」承攬了照顧幼兒、料理家務、照料你的親人，或工作賺取家用等「家庭職責」換來的。**這種「隱瞞」，本質上便是一種對他人的侵佔與剝奪。**

《我的男人有外遇》的作者宋康姬曾描述了一個例子，對於將自己的外遇歸咎於「一夫一妻制度的不合理」的丈夫，該位妻子說道：

「結婚十五年，你認為我辛辛苦苦賺錢供你，在你謀官晉職的歲月裡一個人養大四個孩子，這樣做是為了什麼？是因為愛你之深無法抗拒嗎？是因為……世界上沒有你，我將失去活下去的理由嗎？你不會真的有了這樣的錯覺吧？我告訴你，原因只有一個。對於我來說你是我唯一的丈夫，對於你來講也只有我一個妻子……**如果除了你，我還有一個丈夫，除了我，**

你還有一個妻子的話，我絕對不會這樣生活。

在過去的十五年裡，你吃著我做給你的飯菜，用我賺回來的錢買衣服穿，還用那些錢來學習，孝敬你父母，叫喊著為了飛黃騰達必須工作並把你的子女全數交給我的時候，怎麼一次也沒有提及這該死的一夫一妻制有什麼不妥？……**一夫一妻制是個套裝，裡面裝著可以吃到對方提供的甜美果實的權利，也裝著需要守住情操的義務和煎熬。現在只想挑出好吃的吃掉然後留下不願意做的，你是小孩子嗎？……如果你發現一夫一妻是那麼的不合理，也應該告訴我一聲。因為並不是只有你一個人被一夫一妻制緊鎖著。我也被困在這個牢籠裡啊。……這也太不公平了吧？」**

確實是有極大的不公平。「謊言」經常是為了獨攬權力與獨佔好處，「誠實」則是願意分享關係中的權力同時公平承擔所該擔當的一切，好比一夫一妻制裡單一伴侶的單調與限制。即便在受欺者不知情的狀況下，這些暗地裡的行止依舊造成了實質的壓迫與剝奪，並且一點一滴地扭曲侵蝕了一分始於愛的美好關係。

總而言之，隱私的界線與某些權利的讓渡，在關係裡確實是不同的。那不僅關乎「公平」，更重要的是，它與「真愛」有關。

另外一種常見的狀態是：

「因為怕失去你，所以不敢讓你知道。」

「擔心若你知道真實的我是什麼樣子，就不會跟我在一起了。」

主流媒體多半會把上述的情感塑造成「熱烈且浪漫的愛（romantic love）」，是那麼地強烈、充滿失去的恐懼、渴欲保有這分關係，即便欺騙與強奪也再所不惜。

我實在看不出來，在這樣的狀態裡，「愛」在哪裡？我只看到許多的恐懼與自利，而那本質上都不是愛。愛可能遠在一萬兩千公里以外的大西洋裡……或是巨大如你啃麵包時掉在桌上的碎屑。

所謂的「愛」，就某一層面而言，是協助對方保有他選擇的權利。即便你可能會失去這分關係，依舊尊重他有知情並據此做出選擇的自由。

5-2【基因】演化心理學對於「愛」、「外遇」與「一夫一妻制」的觀點

到底愛是什麼？一個人可以同時愛上兩個人嗎？或者三個人、四個人？抑或雖愛著眼前

這個人，卻對另外一些對象感到強烈的性渴慾？想與某個人做愛，卻不想與他在一起構築未來？多數男人害怕承諾？多數女人則害怕有了性與孩子之後卻被拋棄？外遇是天性？一夜情究竟好或不好？一夫一妻制是否真的背離了人性？

我想從截然不同的幾個面向，對上述這些有趣的議題做初步的探討，提供一些個人覺得極具啟發性，且最終能夠「促使個人發現自身力量」，以及「讓人們彼此更相愛」的觀點。這其實可以從「身體─心理─社會─靈性」四種不同的層次一一談起，身體部分又包含基因與生理。受限於篇幅，我僅擷取其中幾個有趣、較少被認識到，或者被誤解較多的部分做分享。

讓我們先從最古老原始、編織在你我DNA中有關繁殖、配對關係與情感訊息碼的「基因層次」開始。帶大家稍微認識曾由於某些政治目的而被惡意運用的演化論，在修正與擴充後的「新達爾文主義」及「演化心理學」，其對愛、外遇與一夫一妻制的有趣觀點。

理解人類天性與基因的情感設計的益處

去了解自己身為一個人，一個生理上的男人或生理上的女人，會被什麼樣的「生物本能」

與「天生的驅力」所影響和驅動，是非常重要也極為有益的。當你對自己的基因、荷爾蒙的分泌、潛意識裡（註1）運作的程式能有更多的覺察和洞悉時，你將會有更多的選擇與自由，至少能夠更清楚自己何以做出某種選擇，抑或何以如此強烈地被某些「情感／感覺／慾望」所驅動。

「每個人身上都有基本的演化邏輯，但在內省時這些邏輯卻顯得晦暗不明。**『天擇』似乎將我們的真我隱藏起來，不讓意識之我察覺**。就如佛洛伊德所說，我們會忽略最深層的動機——但其方式可比他所想像得更徹底、更習而不察。」羅伯・賴特（Robert Wright）在《性・演化・達爾文——人是道德的動物？》一書中，開宗明義地便如此道出。

當你對這些隱晦的人類「天性」，或者埋藏在基因當中的「情感設計」習而不察時，你便難以擺脫其干預及影響。這也是我會從演化心理學開始談起的主要原因之一。

原因之二，是男人和女人，在經歷了極長遠時間的相互對立與壓迫宰制後，也許是到了握手言和的時刻了。而若要追求兩性之間的雙贏、合作互愛，建立真正的平等，願意去了解並看到兩造在生殖利益、大腦結構、身體組織、化學分泌等生物層面的差異，同時尊重這樣的差異，是非常重要的。兩性真正的平等，絕非早期女性主義者所強調的那種「虛假的齊頭式平等」，而是奠基於對彼此差異的理解和尊重。同時移除無根據的、文化附加的差異言論，好比女生的數學天生比男生差。

女性主義者過往強調，男女皆有「相同的性慾」可能反而多少使得女性受到傷害。**男女皆有性慾，確然，但可能卻不是「相同的性慾」，男性與女性一生之中性慾的演變、性的原驅動力、性交的目的以及覺得性感的異性，可能都有些微、某些甚且是巨大的差異。**

在閱讀有關演化心理學的論述時，很重要的是，你必須先能理解「自然不一定就是好的」，以及，「你並不等同於你的基因」這兩個觀點。

誠如羅伯．賴特所提醒的：「首先，所謂一物是天擇的結果，並不是說它不能改變。……只要將環境予以改變即可——雖然在某些案例中，所需要的改變可能多到難以想像。第二，所謂『自然』並不是一定就是好的。**我們沒有理由得採用天擇的價值觀作為我們自己的價值觀。但我們若想建立與天擇相左的價值觀，最好能知道我們在抵抗什麼。**」

喬．寇爾克（Joe Quirk）也提及：「自然的行為並不代表都是好的。疾病也很自然。謀殺、強暴、說謊以及通姦，（在生物學上）這全都是很自然的事。就跟愛情、憐憫、信任、還有忠誠一樣。**基因是無關道德的，它在本質上就存在了道德及不道德的兩種行為以供己用。**達爾文的選擇說賦予我們一整套的情感……但它並沒有告訴我們該選擇哪一種行動。」

因而，有利於我們祖先的繁殖行為，在道德上不見得就是正確的，同時，**過去極為有利**

的繁殖策略，未來不見得適用，甚且很可能不再合用。

我們的每一個抉擇，都在為我們的子代塑造更好的新男性與新女性

演化心理學中提到的某些男女兩性的傾向與特性，是種「平均值」或「群體的多數」，而非普遍性的正確。億萬年來的「性擇」（註2），讓男女兩性各自的行為除了有「性別之間」的差異以外，亦有「性別之內」的歧異存在。因而不會是每一個個體或事例都吻合其理論模型。這就好比「身高」一樣，有些女人比較高，有些男人比較矮，只是平均而言，較高的男性與較矮的女性是橫跨各種文化的大多數而已。這是必須先認識到的。

此外，儘管基因轉變的速度極慢，但演化確實仍在進展中，因而男女兩性的互動充滿著「可能性」。一萬年後的男性是什麼樣子，其實是現今的女性共同的抉擇所塑造出來的；同樣地，女性的演化也是由男性所推動的。特別是在許多**有著漫長童年的種族裡**（註3），**女性的抉擇，會在進化過程中「調教」出「對後代更有益處」的男性。逐漸漫長的物種童年，只會促使男女兩性彼此的關係演化得更加緊密！**

只要五千代左右便可以將狼變成吉娃娃狗，或者是沿著另一條線發展成為聖博納犬。同時，只要「選擇的壓力」夠強，亦即基因被淘汰的速度夠快的話，演化的腳步便會迅捷起來。

從演化心理學目前的觀點來看，「精子與卵子本身的差異」，以及「子宮的有無」造就了兩性截然不同的「性趣」與「繁衍策略」。總括而言，男性是「精子散佈者」，女性則是「子宮守護者」。男人希望盡其所能地四處播種，多多益善，男人風流，女人則謹慎且挑惕試圖選出最適合生養孩子的基因與資源提供者，女人的外遇因而發生在強健的基因與資源提供者不在同一個人身上之時。

然而當物種擁有逐漸漫長的童年時期時，會有一個變項介入，亦即**「雄性必須更多程度地？參與養育孩子的過程」**才更能確保基因的成功傳遞。因而，具備高度親職投資的雄性，其子代將更具備競爭與傳遞基因的優勢。

（1）男人與女人不同的「性趣」與「繁衍策略」

男人和女人的「性趣」確實是有所不同的。而那主要是由於兩性的「繁衍模式」不同所致。

在當代的演化心理學家眼中看來，男性的精子基本上是相當無價值的，女性的卵子則極其珍貴（註4）。而這某種程度解釋了智人種的男性何以熱衷於與較多的異性做愛，同時較為害怕承諾，而女性則在床伴的挑選上平均而言顯得較為謹慎且挑惕。

男性一生當中，可以產出無數個精子，單次射精即可有一億到三億的精子量，其中一半都有缺損。此外，男性因為「缺少子宮」，遂得以獲取許多額外的資源，其所攝取的食物養分幾乎可全數用來發展肌肉、氣力、生存與戰鬥等技巧，並且全然不需承擔子宮擁有者必然需要承擔的孕育及養育重擔。男性的「繁殖策略」因而基本上是，越多越好，是所謂的「精子散佈者」。

而女性一生中所能產出的卵子量基本上是固定的，一顆卵子要比一個精子大上8500倍，平均每二十九天半才能孕育出一顆卵子，同時這顆卵子幾乎含有胚胎所需要的全數養分，除了精子所攜帶的粒線體以外。

單就為了發生「性行為」所作的投資而言，男女兩性就有很大的歧異。寇爾克提到：

「純粹以遺傳學來講，男性智人在性行為中所付出的投資，就只是一點求愛過程，再加上幾分鐘他在世上最愛的『運動』；接著，他馬上就能隨意逃走，希望可以再讓其他女性受孕。

現在，再來看看冰河時期的女性必須為性行為所付出的代價：她得先冒險懷胎九個月，然後花幾年的時間以母乳哺育一個無助的小嬰兒；最後，再花個十年，將一個難以控制的青少年養育成為一個能夠自給自足的成年人。同時，還得防範她或其後代被任何肉食性動物攻擊，並且避開企圖強暴她的人，以及採集足供母子倆食用的堅果與漿果。此外，她還得提供足夠的蛋白質給小寶寶。但是，當背上綁著一個小孩時，要追捕一隻長毛象並不是件容易的事。」

「這是兩種截然不同的繁衍模式，讓我們以達爾文演化論的觀點來檢視這些不同之處。對一個每次射精就能製造出多達三億個精子的生物來說，什麼樣的繁殖策略才是最適宜的？那就是盡其所能地四處播撒他的精子……而對於每個月僅能製造出一顆卵子、一旦受孕就得花畢生精力去照顧後代的生物來說，她的繁殖策略又是如何？當然就是做出精明的抉擇。」

因而，男人會想要盡可能地散播精子，對於性愛是多多益善，然而若做出承諾便表示播送精子的自由受到侷限，同時可能必須開始挹注資源和勞力。女人對於性愛則較顯猶豫，因為「擁有子宮」使得其得要謹慎且精明地選擇，哪些才是願意提供資源與承諾的對象。這便是演化心理學對於「男人害怕被套牢，女人恐懼被拋棄」所提出來的解釋。

更進一步來說，**男性的繁衍策略，可以分成「量的策略」與「質的策略」兩種**。所謂「量的策略」，便是前述所說的，精子散佈者若能將自己的種散佈得越多越好，該男性的基因能有越多的傳承機會。而「質的策略」，則是指參與孩子的養育過程，使得孩子／基因長大成人的機會能夠有所提升。基本上，由於時間、精力的有限，男性一生中能夠養育的子代數目雖比女性為多，但仍是有限度的。

女性的繁衍策略，則分成「妻子策略」與「情婦策略」，後者又稱「性感兒子策略」，也就是在擁有長期的資源挹注下，另外選擇性感強健的基因。「妻子策略」，基本上是為了替自己與後代子嗣獲取良好的「資源」，「情婦策略」，則是為了後代能有比較好的「基因」，具備了「性感」與「強健」（註5）的基因。同一個男人身上不見得同時具備這兩種優勢。

而現今存活下來的男人和女人，也就是你和我，我們都是古時候同時使用這兩種策略，而有額外的小寶寶可以存活下來的原始人後代。因此，**我們的基因中都同時擁有「雙重的繁衍策略」。就某層面而言，這也是男性與女性即便擁有固定的伴侶，仍會受到他人吸引、感受到本能驅力的重要原因。**

也因為繁衍策略的不同，男人與女人會受到不同對象的吸引。**讓男人覺得性感和讓女人覺得性感的那些素質並不相同。**男性，傾向於被女性的「生育能力」所吸引，年輕、美麗（與健康、活力、對稱是有關的）、緊緻的肌膚、堅挺的雙乳、看似很會生的臀部，通常便是豐饒生育力的象徵。女性，則傾向於被男性能夠「提供資源的能力」所吸引，而財富、地位、權力、勤奮及野心等，經常就是資源的象徵，抑或未來能夠獲得資源的潛質。

（2）人類的「愛」與情感，不過只是演化的執行者

基本上，基因並不是為了讓我們開心而設計的，反倒是會「設計我們」以製造出更多它們的複製品來；**天擇引導我們做出某種行為的方式，並非使我們有意識地一再算計，而是使我們具有熱烈複雜的「情感」，以情感取代計算**。因而，在演化心理學者的眼中，所謂的「愛」或「熱戀」，不過只是演化的執行者罷了。

當你的基因希望你繁殖的時候，最不希望的就是你能夠清晰的思考，「本能」是由古老的爬蟲類大腦（腦幹）與原始哺乳類大腦（邊緣系統）所掌控，其源遠流長遠大過於近期才出現的人類腦（新皮質）所主導的「理智」，因而愛情的生物功能便是讓你變得熱情、衝動且愚蠢——就基因的利益而言，則是太聰明了，使本能行為有機會可以跨越思考。必須如此設計也是由於，許多時候「天擇想要的」與「個體想要的」不見得一致的緣故。

當你感到彷彿被強烈的愛與渴望所驅動的時候，其實可能正是你的基因循順自身利益的作用。有無數的例子可以證明，當生物在以達爾文觀點擇偶時，往往不清楚自己正在這樣做；抑或在繁殖歲月中出現求偶、交配、結成配對關係等強大渴求時，並未意識到此種內在深沈

的渴望其實是源自DNA複製自己的需求。

（3）配對關係與一夫一妻制

為了共同製造或扶養後代而形成的組合，在生物學上叫「配對關係」，人類將其制度化後就成為「婚姻」。一夫一妻制在自然界中，是相對稀有的，哺乳動物中只有大約5％是一夫一妻制，其中多數是狗和猿類。而人類依據某些演化證據間接推斷，則可能是輕微的一夫多妻制。

在「均貧」的社會裡，一夫多妻制很自然地被遏抑，因為當生活水準僅比足以生存略高時，男人若以他的資源去供應兩家人，可能會養不起所有的小孩，甚至通通養不活；而即便他願意冒險，也多半吸引不到肯嫁給他的女人。因而很自然地，均貧的社會裡會實施一夫一妻制，生物學家理察．亞歷山大（Richard Alexander）把這稱作「因經濟因素而行的一夫一妻制」。

「較富裕，且貧富差距較大」的社會中，若實行一夫一妻制，則泰半是人為的，被稱作「因社會因素而行的一夫一妻制」。貧富不均的社會所施行的一夫一妻制，多半只是一種人工雕琢的假象，實際上，在這些社會的表層底下，總不時會有一些隱藏的、頑強不滅的一夫多妻行徑。好比現代社會中，許多女人寧可做有錢人的情婦，也不願接受條件較差的男性所給的專一承諾。除此之外，也可能就是所謂的「連續性的一夫一妻制」，亦即離婚後再娶，一次一個但結縭多次，就某層面而言，可能是有錢男人連續霸佔一連串年輕女人的繁殖歲月。貧富不均的社會裡，無論名目上如何規範，實際上都有無法斷絕的一夫多妻行徑，而這種檯面下的一夫多妻（比起正大光明的一夫多妻或名符其實的一夫一妻），對整體社會與多數人利益而言，可能都更為不利。

就社會整體的層面來看，**新達爾文主義認為，在貧富不均的社會裡，「一夫一妻制」其實是為了保障「不同階層男性之間的公平」，而非經常被誤解的，保障「男、女兩性之間」的公平**，這是長期握有政經決定權的男人們彼此之間的協議，將能使得絕大多數男性受惠，亦即每一個男性都有機會娶到老婆，然而卻會使得大多數女性吃虧，由於富有男人們的資源無法大大被分享，多數女人因而未能獲得向上的社會流動（註6）。

然而，若從個體層面與兩性各自的立場來看，一夫多妻制其實對「精子製造者」的基因較為有利，一夫一妻制則對「子宮擁有者」較為有利。在一個男人可以擁有多個妻子的社會裡，這種婚姻關係中孩子的存活率，比一夫一妻制來得小，第二任與第三任妻子的孩子們的存活率又比第一任的更小了。整體來看，對男性而言，擁有多個妻子在繁衍上具有較大利益，對女人來說，成為眾多妻子中的一員，卻可能有較少的子嗣留存，除非在極少數的兩種例外狀況裡：第一，當這個男人擁有的財富和他所需要供養的人數不成比例的時候，好比他有錢到可以養三十個老婆，卻只娶了十個的時候；第二，在疾病肆虐的貧窮社會中，存活成為最重要的事，女人們寧可共享一個健康的男人並生下健康的孩子。在這兩種情況裡，女人比較能夠自一夫多妻制中得利。

因而，到底何種婚姻制度較為有利，在整體與個別層次、不同的社會狀態與經濟條件下，仍是莫衷一是的。

附帶一提，其實，在不具備「配對關係」的物種裡，雌性的性嫉妒並不存在。而即使具備配對關係，雌性的性行為，有時也不僅是為了能夠製造出後代，而是為了保有後代，讓後代持續受到良好的照顧。也就是，**性行為在演化的某個階段，已成為一種「社交策略」**，以及**「維持並鞏固配對關係的方式」**。在人類以外的許多物種亦然，持續發生性行為，甚至是與多個不同的雄性交配，目的在於讓孩子能夠受到更多雄性們的共同保護，抑或擁有同一位雄性的長久照顧。換句話說，與丈夫所發生的性行為，主要功能是為了維繫配對關係；而與外遇對象所發生的性行為，主要功能是獲得性感的基因，次要功能則是與可能的丈夫替補人選打造關係。一切都是，為了孩子。

（4）讓一切變得可能的「性擇」與「親職投資理論」——好伴侶與好爸爸將擁有更多能夠傳遞基因的優勢後代

崔佛斯如此定義「親職投資」（parental investment）：親方對單一子女所作之投資，此投資能增加該子女的生存機會，該子女之繁殖成功率亦因而增加，並以親方能夠對其他子女所作的投資為代價。

在某個時間點上，人類的演化中加入了「高度的『雄性』親職投資」。儘管人類的雄性親職投資仍不及雌性親職投資，但顯然已經比靈長類的平均值要高出許多。有幾個原因逐漸促成此種高度的雄性親職投資，包括：「子代的脆弱性與漫長的童年時期」，雄性對後代付出的多寡，與該物種「童年時期的長短」有些許關連，童年時期越長，雄性動物越傾向於照顧他們的後代；「雄性投資的成本下降，報酬卻增加了」，現代男性比過去狩獵時代更容易獲取大量的蛋白質，扶養妻兒便成為可行之事；以及「有父母相伴的孩童可能比單由母親照顧的孩子更具備學習與競爭上的優勢」。

高度親職投資的雄性，是逐漸演化而來的。「父親」的角色在演化過程中逐漸超過了「浪蕩子」。會留在女性身邊共同養育幼兒的「男人」（好伴侶與好爸爸），與認為忠誠的伴侶比花心不顧家又游手好閒的男人更性感的「女人」（對好伴侶與好爸爸的偏愛），這樣的配對組合將可以留下更多能夠長大成人且具備競爭優勢的後代。這也是為何前面說，**女性的抉擇，會在進化過程中「調教」出「對後代更有益處」的男性**，這些男人與其後代將有更多機會留存下來，而這其實也就是「性擇」的作用。

由於卵子的稀少性，對性道德觀握有較大影響力的其實一直都是女人。因而，妳想給妳的子代什麼樣的伴侶與父親，就從妳此生所作的選擇開始。

如前所述，天擇似乎會將這種「成本─收益」的計算，轉化為「感情」，特別是愛的感覺。不只是「父愛」與「母愛」，對孩子的強烈深刻情感，是來自於天擇的結果與基因的驅動，也包括男性與女性若要結合成一對穩固的伴侶、齊心照料孩子多年，若能有「愛情」與強烈兩性連結的發展，對基因會是最有利的。

「當虔誠信奉正統派基督教的人，去譴責那些他們認為「非自然的」性實踐時，他們真的大錯特錯。人類（相較於其他物種）之所以變得反常、變態，並不是為了繁殖。**人類反常的目的，是為了維繫婚姻**。」亦即，性實踐才是常態自然的，配對關係的維繫，卻是近期才漸次演化而來的。寇爾克因而認為，挽救家庭最有效的方法，就是與你親愛的配偶創造並享受更富有創意的性活動！

5-3【生理】「情慾」、「浪漫愛」與「終生相守」荷爾蒙

基因如何運作此種「情感」？部分答案也許就在男女兩性不同的腦部結構，與愛情荷爾蒙和神經傳導物質的分泌當中。

愛情荷爾蒙與神經傳導物質

愛情與吸引力的作用，就如同強效的藥物一般，並且確實是會上癮的。

戀愛的每個階段，高度分泌的荷爾蒙並不相同。在兩人相互吸引的時期，大量分泌的是「睪固酮（雄激素）」與「雌激素」，此兩種激素男女皆有，只是分泌的量依性別不同而有極大差異。**「睪固酮」是與「情慾」相關的荷爾蒙**，當其分泌較多時，容易感受到對某些人較強的性慾、積極、旺盛的活力與行動力等。此外，吸引時期也會受到一氧化氮與費洛蒙一定的影響，特別是後者，你個人的「氣味」相當程度決定了你對對方的吸引力，這是由於我們鼻子上方的嗅球和大腦隔核——掌管勃起的中心，直接相連的緣故。故而許多的「一見鍾情」，其實是「一聞鍾情」，僅是個體未必意識到這些生物化學的作用。

熱戀時期，戀人們滿腦子都是對方，這時大量分泌的是正腎上腺素、多巴胺、血清素、與苯乙胺醇。其中最重要的，**與熱戀時高度的亢奮與歡快感受有關，讓你對愛情「上癮」的**

罪魁禍首之一，可能就是「多巴胺」了。多巴胺使得戀人們像老鼠按桿子一般，不斷地重複追求可帶來如此愉悅滿足的事物。大約三天便開始形成「迷戀」，三十天便能在你大腦中形成固定的神經迴路，六十天後便是一個頑強且相當難以消除的路徑了。高多巴胺通常伴隨著低血清素（兩者似有拮抗作用），後者與強迫性的意念及行為有關，這也就是為什麼你／妳做任何事都無法不想到她／他、不斷地想見到她／他，甚至執迷不悟的原因之一。

熱戀並不全然是一種情緒狀態，它更激發出強烈的行動「驅力」，是大腦報酬系統的一部分。生物機制是相當巧妙的，要不是有這些與著迷、愛戀有關的化學物質的排山倒海而來，負責警告我們，潛在危險的大腦抑制中心就會佔上風，人們就比較難結成配偶，從而複製自己的基因。

除非這段戀情受到外力阻擋，否則心醉神迷的感覺不會永遠持續下去。**神經科學家認為，大約在半年到兩年的時間，大腦就會將其切換到低速檔**。這樣的減量是身體與生俱來的智慧，避免人們耗竭與崩潰。但許多人會誤解心跳不再加速、歡愉感受減少、愛意／吸引力強度的降低，是因為他／她已不再愛對方了，因而分手、離婚，再去尋覓其他的性伴侶、愛人或其他物質刺激，嘗試找回曾有的興奮與快感。其實這是每一段關係必然會經歷的歷程，這也代表了你們正在往下一個與信任和承諾有關的真愛階段前進。因而當你感到愛戀與感受趨於平淡時，是關係更踏實地往前了。了解這一點是非常重要的。

與「承諾」有關的化學物質，是「催產素」和「血管加壓素」。催產素也就是母親在懷孕、生產前後會大量分泌的一種物質，使得母子間形成強烈且深厚的連結，與依附關係形成和信賴感的提升有關，在撫觸、性愛與性高潮時亦會大量分泌。因而，**一夜情容易擦槍走火，確實是有生物學上的原因，催產素的分泌使得原來只是性的關係質變出情感的連結與依戀**。即便是男性，一般時刻催產素濃度皆明顯低於女性，但在性高潮時，其分泌的量卻會激增五倍，使得男人也可能在性愛後不小心戀上女人，儘管機率較女性為低。此外，催產素還具有失憶的效果，使你暫時忘記對對方的不良觀感與感受。

催產素作用於女人身上的方式與男人不同。對女人來說，催產素有助於減低壓力，女人在做愛後容易覺得放鬆、愉快、莫名地信賴對方、與對方有很深的連結，便與其大量分泌有關。然而，催產素與血管加壓素卻似乎會增加男人的壓力。由於此兩種化學物質疑似會干擾多巴胺與正腎上腺素的生成途徑，同時也與睪固酮有互為抑制的關係，因而做完愛後，男性的睪固酮含量會降到比平常更低的程度，男人因而感到不對勁、較平日更為脆弱、主動性與活力下降，於是，自然而然地會想要抽離。透過獨立的空間與時間，讓體內睪固酮濃度恢復正常後，自然又有動力接近伴侶。

與前述類似的，有些男人會誤解此種「做愛後想要抽離」的反應為自己不是那麼喜歡對方，或是為自己這樣的狀態感到疑惑，有些人甚至轉而再去追求其他女人……其實可能只是體內睪固酮的濃度需要一點時間恢復正常罷了。

催產素的不同作用方式，使得女人比男人更容易在發生性關係後盲目黏上對方，做愛前很清楚知道對方是個混蛋，然而在發生關係後卻開始無法自拔，彷彿有種自己也無從解釋的信賴感與特殊的連結感，其實不過是荷爾蒙的作用，在其他對象或事物上都可以發生，卻誤以為只有這個男人能夠給予自己這樣的感覺，於是戒不掉這段關係。這正是吸毒上癮的歷程。若要談「性愛分離」，單就基因與生理層面來看，女人確實要比男人更為困難。

睪固酮的有趣研究──你的男人忠實或花心？瞧瞧他的食指與無名指長度吧！

曾有一些有關睪固酮的大型調查研究發現，睪固酮含量較高的男性，比起含量低的男性，離婚的可能性增加了43％，外遇的可能性提高了38％，然而結婚的可能性卻也減少了50％。研究者推論，這與睪固酮分泌量較低的男性，可能較不具攻擊性、親和、願意合作，同時也較有意願結婚並為維繫婚姻而付出努力有關。

而演化心理學者約翰・曼寧（John Manning）則做了一些有趣卻也備受爭議的研究。他研究男性與女性「食指與無名指的長度比」（2D：4D）。手指長度的測量是從指頭與掌心相接皺褶處底端的中心點，量到指頭尖端，指甲不算。曼寧發現，男性的比值平均為0.98（無名指比較長），女性則平均為1（食指與無名指一樣長）。而2D：4D的比值可以用來預測個人男性特質與女性特質的發展程度，好比就男性而言，若比值為0.94，便是顯著的男性化，比值1則較為女性化；女性若為0.98則較顯男性化，1.02則相當女性化。後續許多不同的研究，針對男性特質與能力較容易發揮的特定領域，諸如傑出的體育選手、知名音樂家身上，確實都發現支持的證據，這些男士其無名指多半顯著較長。

曼寧認為，這與人們在子宮中接受到的睪固酮濃度有關。當胚胎於受孕那一刻接收到父親的Y染色體時，母親的子宮會在胎兒約六週大時，開始分泌大量的睪固酮，而子宮中睪固酮的濃度也是決定食指和無名指長度的關鍵因素，以及陰莖長短的因素。睪固酮濃度越高，無名指便越長，陰莖也會相對較長。因而由一個人的「食指與無名指長度比」，其實便可以推測其睪固酮分泌的高低。過高或過低都可能有害，適中才是最健康的。

當這兩類型的研究結合時，便帶出一個有趣的推論。聰明的妳，想到了嗎？噓，請別大聲張揚，讓我們私下來進行這場科學調查吧。

但請記得，無論如何這都不會是百分之百的關連。充其量也僅是較高一點的發生「機率」而已。不是一定會發生。我相信，仍有相當比例高睪固酮分泌的男性，能夠透過其他方式來平衡化學物質的影響，從而維繫良好的一對一關係。

而目前已知，在生理層面上，與「男性承諾」的意願與能力有關的因素，除卻「睪固酮濃度」以外，「血管加壓素」（註7）似乎也有相當關連。此外，「大腦前額葉皮質」運作的健康與否，也有重大的影響。前額葉皮質活動健全的人，可以有較長的專注力、較有同情心、比較不會去尋求刺激、較少衝動與較多的合作。前額葉腦部活動過於活躍或低落，關係都容易出問題。所以，健康的關係，不僅源自於健康的心理與人格，同時也源自健康的生理和大腦。

5-4【社會】不同社會文化對「外遇」的有趣解讀

不同的文化，對於「外遇情事」，其實也有大異其趣的解讀；這也說明了「外遇」的意義某種程度是社會文化所建構出來的。美國記者潘蜜拉·杜克曼（Pamela Druckerman）曾走訪十五個國家，逐一記錄其對「婚姻中的外遇事件」的不同詮釋，她認為各國之間的差異，可以從人民描述外遇的方式看出一些端倪。舉例如下：

國家	描述外遇的方式
• 美國：	「在一旁」另有他人
• 瑞典和俄國：	「偷溜到左邊」
• 以色列：	「到一旁偷吃」（據說這種說法非常粗魯）
• 日本：	「走岔了路」
• 愛爾蘭：	「越位」（運動專有名詞）
• 英國：	「客場比賽」
• 荷蘭：	偷情就像一趟「在黑暗中捏貓」的歷程
• 法國：	「到其他地方瞧瞧」

有些措詞明顯降低了外遇的嚴重性，好比：

• 一段「美好的中場休息」很難令人火冒三丈，這是印尼人對於不會威脅雙方婚姻的外遇的說法。

• 在南非，拈花惹草的男人叫「亂跑的人」，同時暗示他應付幽會所需的旺盛體力，以及被妻子追著跑的事實。

• 在特拉維夫，若是妻子紅杏出牆，鄰居可能會聳聳肩說：「被綁的母馬也會吃東西」。

以上都是非常有趣的文化現象。親愛的，我只是想藉此告訴你，**外遇這件事，就只是外遇而已**。

從另外一個角度來看，在當今多數社會名目上「一夫一妻的婚姻制度」底下，才有所謂「外遇」的產生。香港大學的周華山教授，曾深入描繪了雲南省瀘沽湖畔摩梭族，俗稱「女兒國」的「走婚制度」。母系社會的摩梭族人，由女性當家，無父無夫，重女卻不輕男。成年後的女子不媒不聘，長輩只在家中為女兒準備單獨的房間，以接待情投意合的男子。男人晚上來，天明去，生了孩子便交由女方的大家庭撫養，男人可以前來認親，也可以就此撒手不管。

摩梭族用以維繫感情與關係的，不是「婚姻制度」，而正是「感情」本身。男人和女人，都有很大的情感自由與情慾空間。然而，很多女人一輩子仍是只跟一個男人走婚，而男人也有情有義，會持續地送禮或農忙時前來幫忙。在這樣的社會制度裡，沒有為情自殺或殺人的人，沒有佔有欲，沒有「處女」這種待價而沽的概念，自然也沒有「外遇」與否、家庭破碎的議題。

5-5【靈性與意識】三種不同意識層次的愛

進入關係／婚姻的動機，決定了這段關係是否健康

《讓愛自由》的作者李安妮說，「進入一段關係／婚姻的動機，基本上便決定了這段關係／婚姻是否健康」。不僅僅是進入關係的動機，你進入關係時的整體狀態也是非常重要的。她曾細膩描繪了美國心理學者大衛．戴達（David Deida）三種意識層次的關係型態，我簡單摘錄如下：

第一個層次，也就是「低意識層次的關係」，進入這段關係的動機是「以『我』為中心」，是為了滿足「小我」的需求。常是因為雙親的期待或社會的價值觀，好比認為結婚或擁有愛情才是正常的，而交男女朋友。故而進入關係的動機可能是為了要結婚、傳宗接代、讓父母放心、有個長期飯票、擁有合法性伴侶、孤單時有人陪伴、被疼愛的感覺、面子、社會地位

與名分等。亦即需要透過另一個人或婚姻本身，來獲取愛、安全感、與小我需求的滿足，這些都屬於低意識的關係。

在這個層次上的關係，有許多的「條件交換」。我用我的年輕美麗與性感，換取你的經濟照顧與社會地位；我會疼愛你，但是你要聽話；我與你結婚，供應你衣食無虞，而你得要放棄你的事業，料理家務，照顧老小。

而這卻也經常是媒體吹捧的關係型態，我需要你才能完整；沒有你我就活不下去；我幸福快樂與否，取決於你如何對我；我們擁有彼此，也獨佔彼此。

當你發現你目前或過往的關係型態便是如此時，不需要去批判自己。因為我們每一個人，都一定有那個低意識層次的自己，那是集體意識的一部分（註8）。你只是需要去體認到，對低意識關係的追求與執著，同時也是，生命中諸多痛苦的根源。而所謂的意識「提升」與「自我成長」，其實也就是，學習去看到這個層面的自己，從而使自己能夠逐漸地從「低意識」走向「中意識」，最後再到「高意識」。

第二個層次，也就是「中意識層次的關係」，進入這段關係的動機是「以『我們』為中心」。或許包含了一些第一層次的意圖，但主要是為了完成兩人共同的目標與計畫。例如：共同組織一個家庭、一起扶養照料孩子、合力創建一家公司或一分事業、家族事業的聯盟等。

這樣的關係會比較注重公平、平等。但若這個共同的目標、事物或孩子，不如你的期待、抑或變動消褪時，關係可能就會瀕臨瓦解。或者，這個關係難以脫離或結束，是因為有太多其他層面的事物，好比金錢、事業版圖、名聲、人脈、朋友交織在一起。

第三個層次，則是「高意識層次的關係」，進入這段關係的動機是「以『自我成長／心靈成長』為中心」。也許包含了一些第一與第二層次的意圖，但主要是透過分享彼此原就具有的愛，同時鼓勵雙方各自活出自己生命的熱情與實踐目標。即便那意謂著可能的「分離」，甚至關係的結束，仍是支持對方不斷地成長與提升，我很喜歡安妮的用語，**「支持彼此活出最高版本的自己」**。

在這樣的關係裡，跟對方在一起時很開心，你一個人的時候也很開心。你能夠為自己的生命與所有的感覺負責，能夠表達真實的感受、真誠溝通、尊重自己也尊重對方。你會感恩並喜悅於這段關係，卻不會執著於關係／婚姻本身。你不會在乎誰給的愛比較多，只會看到更多能展現你的愛的機會。同時你也不會把「愛自己」的責任交託給他人，即便沒有對方，你也很紮實地愛自己，感受到豐盛喜樂。這樣的愛會擴及所有的人、世界與眾生，而非兩個人的世界越來越狹窄，最後只剩下你和我，顧不得他人。

倘若你想要你的關係／婚姻健康、快樂，勢必就得要從「低意識」進展到「高意識」。

中意識包含了低意識，而高意識則涵括了前兩者，每個意識都擁有下層意識階段的特質，所以我們其實是要「擁抱低層意識的自我」，而不是拒斥、否認、批判它，如此才能在如實接納的前提下，逐漸地往更高意識提升成長。

而所有外在的人事物都是流動且不斷在轉變的，這就是世間「無常」的本質。當你的愛與承諾是建築在這些不斷轉變的「人」（伴侶）事「物」（婚姻、關係）當中時，你早晚都會失望。**唯一不會變的，是「彼此成長的機會」，自我成長是一輩子的道途**；支持彼此活出最深的熱情、此生的使命、最高的可能性，成為那個「最高版本的自己」。那也才是我所認為的「真愛」。

當你格外渴望愛情時，回過頭來關照你的狀態

透過誠實地問自己，「此時想要愛情的動機何在？」你將會有很好的洞見與覺察。那些你冀望透過愛情得到的，正是你當下的匱乏、失衡或不滿足，需要由你學習來給予自己。以下是一些常見的狀況：

＊是否因為已臻某個年齡，非常害怕自己再也無法擁有感情？或者恐懼自己可能無法結

婚？

＊是否處在特別空虛的時期？好比剛結束一段傷透自尊的感情？

＊是否在學業、工作、事業、生涯抉擇上遇到了一些問題或困難？

＊是否對自己感到特別沒有自信？懷疑自己的吸引力？

＊是否很想逃離原生家庭的控制？透過與另外一個人成立家庭來合法「離家」？

＊是否想尋找父親或母親的替代？

＊是否感到缺乏愛？

＊是否感到生活平淡無奇？

＊是否覺得賺錢很累且困難，想要找個人來減輕經濟負擔？

這些，都不健康，進入關係／婚姻的動機。**而你在什麼樣的層次，其實就會吸引到那一個層次的伴侶**。當你懷抱著這些動機尋覓對象時，你的伴侶也會是懷具某些較不建康的動機而被你吸引。

註1：在此所談的「潛意識」，是一代一代演化出來的，透過基因傳遞，每一代在時機到達時，都會以行為表現出來。而非佛洛伊德所指的「潛意識」，僅在該個體這一代之內發展出來。

註2：能導致成功交配的素質則歸為「性擇」，與「天擇」不同。

註3：智人種即擁有在自然界裡極為不尋常的漫長童年。

註4：這是達爾文終其一生都未能發現的簡單道理。

註5：「性感」的基因，意指擁有異性覺得具備性吸引力的那些特徵，不同物種或文化之間認為具有性吸引力的「異性特徵」可能不同。「強健」的基因，則指具有與自己的免疫系統一定程度差異的另外一個免疫系統，通常是血緣越遠越佳。

註6：簡單地說，在貧富不均的社會裡，一夫一妻制，使得最有資源的男人，得到最搶手的女人，但僅限於一個女人，其他沒有那麼幸運的男人，則至少仍可分得一個女人，繁衍後代。而最搶手的女人則得益，因為將獨佔最多的資源，條件較差的多數女人則無法分享這些資源。因而一夫一妻制，最有利於多數下層男人與少數擁有美貌的女人。一夫多妻制裡，則是較為貧困、條件沒有那麼出色的女性們受益，也就是較能均等地將男性的資產分配在多數女性身上，然而，貧困階層的許多男性，則可能娶不到老婆亦無法有子嗣。因而一夫多妻制，有利於多數女人及少數有錢男人。當然，這是當世上絕大多數資產與經濟力仍掌握在多數男人手中的時候（目前依舊如此）。故而，**從新達爾文主義的角度看來，強化家庭價值與一夫一妻制婚姻的最佳方法之一，其實很簡單，便是「使整個社會的所得分配更為平均」**，貧富越趨靠近，女人就會想嫁給未婚男人而非有錢的已婚男子，如此人們的婚姻自然將更為穩固。

註7：血管加壓素，目前被認為是一種與男性承諾有關的荷爾蒙，也和對性的持續渴求、忠誠、自信、支配性與領域的標定有關。由雄性田鼠的研究發現，血管加壓素的含量與分佈模式似乎決定了顧家型好爸爸和浪子型爸爸的差別，含量高的明顯較為顧家，此外，血管加壓素在大腦中呈現某種分佈模式的田鼠，施行一夫一妻制，非此特定分佈模式的田鼠則否。

註8：特別是在女性還無法經濟自主的時代，婚姻是生存和獲取安全感所必須。

第6章
顧全與保護孩子——成為夥伴父母

「每個孩子至少需要一名成年人『毫無道理地全心全意愛著他』，正是這種情感聯繫，讓孩子能夠長成心理健康的人。」

天普大學心理學教授勞倫斯．史坦堡（Laurence Steinberg）

「每個孩子至少需要一名成年人『毫無道理地全心全意愛著他』，正是這種情感聯繫，讓孩子能夠長成心理健康的人。」

～天普大學心理學教授勞倫斯・史坦堡（Laurence Steinberg）

6-1 從愛人、怨偶、最親密的陌生人轉變為合作的「夥伴父母」

我衷心期望，每一對因各式理由而決定終止婚姻關係的父母們，都能努力成為「夥伴父母」。與孩子的關係，本就該獨立於婚姻關係來看待；**離婚，代表的是婚姻關係的結束，絕非親子關係的結束**，無論監護權歸屬於誰，致使關係破裂的直接過失者為誰，都需要重視父與母各自與孩子的關係，以及雙親共同與孩子的關係。

我很喜歡詹姆士・雷所說的，「**承擔責任，並不表示你錯了。很多事情根本不是你的錯，但是你還是得要負起責任。**」無論因著什麼樣的原因，你選擇結束這段婚姻，或者繼續婚姻，你都要記住，孩子是無辜的，且相對於成熟的個體，明顯荏弱許多。而將孩子護得周全，是你責無旁貸的責任。

而許多時候，雙方專注於去思考如何協助並適當地愛孩子，都會比「兩人之間的嫌隙及怨恨」重要、也有意義多了。

6-2 孩子並非你或對方的延伸，孩子只是他自己

常見的一種情況是，父系或母系一方的人，看著孩子逐漸成長的模樣，突地冒出一句：「這孩子越大越像她媽媽。」評論的同時，不自覺地皺起了眉頭，語調中微微帶著厭惡。或者是孩子犯了些什麼錯時，破口大罵著：「跟你爸爸一個樣兒！」更甚者，將孩子看作「前一段婚姻的殘留物」……我能明白某些自然而然的挫敗感，以及糾葛的情緒，然而這些態度與行止，都會讓我為孩子們覺出心疼。

有些當事人也會跟我說，她們有時會想著，「如果孩子不是和那個人一起生下的，那有多好？」。

我用茱迪・皮考特（Jodi Picoult）在《小心輕放》這本小說裡的一段話語來作說明。這是一本有關成骨不全症，也就是俗稱的玻璃娃娃的感人故事。而說話的人，是患者的母親。

「其他人看著我，心裡想著：『那個可憐的女人。她的孩子是殘障。』但我每次看著妳，我只看到眼前這個小女孩：三歲就熟記皇后合唱團『波西米亞狂想曲』歌詞；每次有雷陣雨時總會爬到我床上來跟我擠——並不是因為妳害怕，而是我會害怕；妳的笑聲總是像音叉般在我自己體內振動。我永遠不會希望自己擁有的是肢體正常的孩子，因為如此的話，那個孩子就會是其他人，而不是妳。」

那正是我要表達的。讓你深切愛著的，不就是眼前的這個孩子嗎？他或她有著自己獨特的個性、脾氣、身形與樣貌，若非是與那個討人厭的傢伙一起生下來的，若非有了這麼一段婚姻，那麼，就不會是「他」了。

孩子，是獨立於雙親的個體。每回若有人對著我的孩子說，什麼真像媽媽，哪裡真像爸爸，而我若感到似乎有著言外之意存在，我就會溫和地補上一句：「他只是像他自己而已。」

親愛的你，**學習去愛孩子原來的樣子。並試著將「孩子」與「伴侶／婚姻」獨立開來看待吧**。

6-3 家庭中的「情緒氛圍」遠比「物質環境」更重要

許多父母對孩子傳達愛的方式，是努力提供充足的物資與優質的生活環境，豪華舒適的住所、精心佈置的兒童起居室、名牌服飾與鞋子、各式各樣的玩具、昂貴的學齡前課程、腦力開發與各式才藝補習等，然而，卻很少去留意到，家庭中的「情緒氛圍」對孩子的影響。整個家庭的情緒氛圍對孩子身心安適與健康的影響，其重要性遠遠超過於物質環境的舒適豪華與否。

家庭的「情緒氛圍」，來自於雙親與孩子之間的互動，家人彼此之間的關係（同住的長輩或手足等），以及，具有特別的重要性的是，爸爸與媽媽之間的互動氛圍。良好的情緒氛圍，是輕鬆、平和、真誠、包容，且實實在在的親密的；你知道你可以很自在地做你自己，而那是會被尊重的，這個家有你說真話與表達情緒的空間（註1）。

良好的情緒氛圍，絕非是家人之間不允許有衝突，這是很常被誤解的部分。那種從來不吵架、表面平和、卻難以溝通彼此真心話的婚姻，同樣潛藏了很多問題，並且對孩子的親密關係與情緒表達經常有極負面的影響。好比時常傳遞給孩子的一個錯誤訊息便是：「感覺應該要被壓抑」、「因為我的負面感覺會傷人，所以是不可以被討論的」，於此，伴隨而來的時常是「真相是不可以問的」。這些孩子因而學會了，麻木自己、關閉某些感覺、小心翼翼地維持重要關係的表淺和諧，在扭曲的關係中亦無法斷然離開，由於害怕傷人、無法與人真正的親密等。

曾在美國華盛頓大學創設「愛情實驗室」，以研究幸福婚姻而享譽全球的心理學教授約翰．高特曼（John Gottman）發現，幸福婚姻的正面互動與負面互動的**比率大約是五比一**。若此比例降至三比一，關係多半會出問題。然而若負面互動為零，多半也潛藏著其他問題。因而，良好的情緒氛圍指的是，整體而言，**在家中平和愉悅喜樂的時刻，遠多於衝突痛苦的時刻**。

除了頻率以外，**衝突的方式還要是健康的**。何謂「健康的衝突」呢？簡單地說，一是，**衝突當時的表達，是否在一個「合宜的範圍」**之內，也就是完全未出現傷人、傷己（註2），或對關係本身極具破壞性的言語和行止（註3）。二是，**衝突之後的處理，包括雙方是如何和好的，以及是否能夠達成一個彼此都能同意的協議**。許多婚姻中的問題，**都不見得能夠獲得真正的解決，但卻有機會找到雙方都可接受的妥協與平衡點**，而健康成熟的關係，也會有和好修復的機制。對孩子而言，這樣的衝突形式是非常好的示範與學習，孩子會學到，某種清楚界線之內的衝突是被允許的，以及很重要的「如何劃下那個界線」；也會學到，關係本身是具有韌性的，具備了承載情感與衝擊的力道；此外，衝突也使得潛藏的問題有機會被看見與適時處理；孩子更能透過觀摩學習到，成熟的父母如何在關係中相互調整、持續前進。第三，則是檢視雙方在此次爭執、衝突落幕之後各自的感受為何，是覺得彼此更親近了、更能敞開心來互動、彼此的需求與意願在衝突與關係之中都是被尊重的、也都感受到雙方對經營一段「愛」的關係的努力與持續調整？……抑或是相反的？

然而，我更常看到也覺得擔憂的，是爸爸媽媽們在關係裡肆無忌憚地爭執、衝突，深陷在自己的情緒風暴中，各式傷人的話語紛紛出籠，兩個成人在那些時刻退化成兩個未成熟、渴愛且受傷的孩子，全然忘卻了身旁驚恐且脆弱的孩子，忘卻了身為父母的首要要務：顧全與保護你的孩子，特別是在這場強烈的婚姻風暴之中。

6-4 前離婚期——處理外遇或討論離婚的過程中，對孩子的關照和協助

為了方便說明，我將整個時程粗略地區分為：「前離婚期」，「調適與復原時期」、「新生活與新形式家庭的穩固期」，以及點綴期間的「不同階段的成長挑戰」（好比重組家庭、孩子入學、孩子步入青春期）。這幾個時期並沒有明確且一定的時間區分，每一個人與每一個家庭的復原與調適步調都是不一樣的。有一些協助與照護孩子的方式是貫穿整個發展歷程

的，然而也有一些是特定階段所需要額外側重的。

簡單來說，必須結合孩子在不同發展階段的任務與需要，以及每個孩子獨特的天生氣質而作出相應的調整。因此，毫無任何疑問地，你必須主動學習與獲取一些有孩童發展的歷程，包含生理、心理、認知、情緒等層面，與教養的正確知識。同時對雙親離異的孩子可能面對的挑戰與特定需求有初步的認識。

對孩子的「特別保護」，從發現與處理外遇的過程即開始了。外遇事件揭發之後，無論雙方是決定修復彼此的婚姻，抑或結束關係，孩子的感受與狀態始終都是你必須要優先考量的事物之一，至少是「並行考量」。

由於這些議題，即便對成熟的成人們而言，都是棘手且深具情緒衝擊的，我會建議，不**在孩子面前談論或商議這些關係上的重大事項**。你可以事先將孩子安頓在其感到安全且愉快的地方，有你信賴的成人陪伴照顧，而你與伴侶則能夠單獨且專注地處理你們之間的問題。這其實也簡省了許多你後續的麻煩，好比此時就算你要丟菜刀、飛磚頭，你也只要處理自己的傷口就好了，不需要再額外處理孩子可能比你更嚴重的創痛與驚嚇。

絕大多數的情況下，只要有一個人堅持，這件事就能做到。保護孩子，在伴侶挑釁或激惹時，或者不予回應，必要時溫和機智地擋在孩子面前，或者迴避這個衝突，伺機將孩子帶開，稍後再來應對與處理。

孩子們多半都有一種奇特的能力，即便表面上看來很專注地在做自己的事，玩玩具、畫圖、看卡通、打電動，實則，你與伴侶衝突時的多數話語，都進了他們的耳朵，某段交談你越是壓低聲音不讓他聽見，他越是本能地豎起耳朵，從前言後語兜攏而明白。即便他不見得能夠全然理解字面上的意思，但他確實能夠敏感到夾雜在話語當中的那些情緒與情感。他直覺且本能地，明白一些事情。這種知曉可能令人驚異地精確，也可能因為它的「片面性」，資訊的不全，而造成孩子更大的恐懼與困擾……畢竟，未知的事物永遠比已知的更可怕。

儘管刻意避開在孩子面前的衝突與協商，但事後則需要有，**適合孩子年齡、性情，以及身心發展階段的合理說明與解釋；孩子有權利知道「這個家發生了什麼事」，以及「後續可能變動與不變的一切」，因為這些都與他深切且持續地相關。**他可能必須因此而離開熟悉的住處、道別學校的朋友、不再能每天看到爸爸或媽媽、生活品質與所享有的經濟資源或許也有較大的衝擊……因此，他確實有權得知這一切。而你與伴侶的說明，必須依據孩子的發展狀態、原則上真誠但有所過濾挑選直至適合的程度，而非一五一時、不必要地鉅細靡遺甚且參雜了批判與評論的告知，後續我會更清楚地談論這個部分。**一個好的說明本身，就已開始協助孩子走上心理與情緒調適的歷程了。**

除此之外，**你還需要處理，孩子對整件外遇與離婚事件的感受及想法**，在穩定了你自己的情緒與狀態之後，分次且漸進式地進行。

對孩子傷害極大的做法（請你與伴侶盡最大的努力避免）

以下這些未經深思的作法，會對孩子造成極大且可能影響終身的傷害。在處理外遇與討論關係修復或結束的過程中，你與伴侶（至少是關愛孩子至深的你）都需要能夠對此保持警覺，避免：

1. **要求子女作為夫妻的仲裁：**夫妻衝突的過程中，經常會陷入「誰對誰錯」的爭執當中，特別是在外遇衝擊整個家庭的過程裡。一位在早年外遇、十年後則角色逆轉的男士，就曾在半夜十二點把已入睡的子女都叫醒，要他們來評評理，媽媽半夜了還在跟一個男人講手機，這種行為對嗎？這是全然僅顧及自身利益與需要的行為，孩子成為「滿足成人需要和自尊」的工具；孩子本身的需要及感受，則未被看到並且得到尊重。

2. **要求子女選邊站：**好比吵架時對孩子說：「你說啊，你是要跟爸爸還是跟媽媽？」，兩人鬥氣的成分遠比真切考量孩子意願來得多。雙親需要明白的是，當孩子必得在雙親之間做選擇時，那絕對是一件煎熬且痛苦的事，即便偏好明確，也仍充滿了複雜強烈的感受，以及許多對關係和未來生活的擔憂。倘或雙親每逢大吵便反覆詢問，僅是平添對孩子的打擊與傷害而已。孩子會覺得「根本沒有人在乎我回答什麼，沒有人真正在乎我的感受和想法」、「他們其實只關心自己」，而無論回答、不回答，回答什麼，都無法皆大歡喜。

另外一種選邊站，則是一方父或母刻意地與子女結盟，共同對抗被其指責為道德或行為有瑕疵的另一方。

3. 藉由孩子試圖挽回另一半：孩子同樣淪為「被利用」的工具，用來滿足成人的需求。很遺憾的是，孩子通常會同情、「表現出」（未必是真實的）弱勢的那一方，以及較想維持婚姻的那一方。有些不夠成熟的成人會操弄或利用孩子這樣的狀態與脆弱性，那將對孩子造成極大的傷害。這樣的行為同時也暗示了該位成人欠佳的親職功能，亦即不惜犧牲孩子的重大利益也要換得自身的利益。

4. 剝奪孩子適時、適度「知情」的權利—成人們否認、隱瞞事實或撒謊：誤以為是保護孩子，卻讓許多孩子因此而生活在持續的焦躁與想像的恐懼之中。

特別是當孩子已主動詢問時，否認與撒謊絕對是最糟糕的做法。「爸爸媽媽很好，沒什麼事啦，你不用擔心！」一方面你將損及孩子對你的信賴，有一天他終究會發現事實並非如此。二方面，在他惶惑且忐忑不安地向你尋求支持時（此時他需要了解這個家發生什麼事、需要你提供精確的訊息、需要你以吻合現實的方式協助他平撫惶惑與不確定感），你卻透過「否認」而把他推開來。三方面，你同時也錯失了一個能夠與他敞開心並好好對談的寶貴機會，一個好好協助他調適的時機。此外，你可能也在無意中否定了孩子自身的觀察與感知，**你在告訴孩子，他自己的感覺與判斷是不可信賴的、是錯的**，若類似的事件極多，你等於是在告訴孩子，他自己是不能相信的。

也有一些當事人，是直到最後一刻逼不得已了，才向孩子「宣告」。於是孩子在猝不及防的狀態下，必須突兀地斬斷生活中的一切。結束婚姻本就會面臨許多中斷與失落，這種做法，卻使得孩子的生活中斷，也增加失去沒必要失去的事物的機會。

5. 剝奪孩子「表達感受、意見」與「做選擇」的權利：當你連清楚適齡的提前告知，都無法提供給孩子時，很自然地，孩子也連帶失去了你所能提供的、表達感受與意見的空間與機會，以及在許多事物上做選擇的權利。

記得嗎？我們在第二章裡曾提到，在創傷的復原當中，最重要的地基，其實便是「安全感的建立」，由於創傷本質上是一種權利的被剝奪，因而第一步便是：將某程度的決定權與控制權復還給受創者，重建基本的內外在安全感。結束婚姻本身不一定會造成孩子的創傷，然而若你在過程中，忽略、進而剝奪了許多孩子本應享有的權利與選擇，那麼，這些「你所沒有做的事」，將加劇孩子的創痛以及適應上的困難。

所以，關愛孩子的你，究竟該如何做呢？

你至少能夠做的，對孩子極有助益的事

以下提供了一些在協議與決定離婚的過程中，你與伴侶也許能夠努力的方向。透過你們的關注，將更有效地協助孩子，較為平順且依舊感受到關愛地走過這段辛苦的歷程。這些實際可執行的方向，包括：「合宜的說明」、「情感的保證」、「歸因的調整」、「情緒表達的空間」、「控制權的賦還」（包含監護權、探視方式的尊重）、「控制短時間內生活變動的量」、「預留緩衝時間」，以及「協助孩子生活與情緒各面向的調適與因應」等。一一說明如下：

（1）合宜的說明（適齡、適時、適度）：你需要依據孩子的年齡、心智發展程度、氣質，甚至當時的情緒狀態，溫柔且清楚適度的告知。大原則之一是，你可以選擇性揭露，但絕不對孩子撒謊；孩子突然問起而你未有準備，你也可以請孩子給你一些時間，你會再向他們說明。**巨大的婚姻變動中，你可能是孩子唯一一個穩定安全的力量，唯一一個還「相信著」的事物，不要輕忽這個穩固與信任對孩子的協助與意義。**

大原則之二，是中性且溫柔地陳述，不帶批判與指責，也不做災難化的描述（好比「我們家要垮了……」、「你媽不要我們了！」、「你爸做了一件無恥且愚蠢的事……」）；你也必須要讓孩子知道，他無須選擇要站在哪一邊，不管你們的婚姻關係如何，永遠都是他的爸爸和媽媽。情感與關係上，他永遠都不需要放棄哪一方。

不同階段會有不同需要說明的事物。猶在協商處理的過程中，你可以讓孩子知道，爸爸與媽媽之間確實有一些問題，而你們正在嘗試處理或努力解決。你可以告訴他，婚姻原來就會有高有低，好的時候真的很美好，但糟糕的時候也很不好受。若能走過這段低潮，這個家將更緊密與堅定；然而若你與伴侶竭盡全力也未能解決困境，你們依舊會努力找出「多贏」的局面。倘若這是你的真實，那麼讓他知道，他是你們婚姻裡最棒的那個部分。向他承諾，不管你與伴侶之間發生任何問題，都不會影響到你對他的愛與照顧，任何情況下你都會盡力保護他與愛他。你可能無法保證伴侶的部分，那麼就保證你自己的，關鍵是「說到就要做到」，不要畫一堆大餅。你只說，「你相信並且打算確實履行的話」。而假使你的真實情形並沒有上述那般絕對或強烈，你也可以僅是單純地表達，你愛他，雖然你不確定自己能不能辦得到這一切，但是你會嘗試。

決定要離婚之後，則需要另外給孩子一個非常完整且適切的說明。如前所述，孩子有權

利知道父母為何離婚，以及離婚之後的生活將會有什麼樣的轉變。很多孩子其實並不了解雙親的掙扎、痛苦、無可奈何與離婚的真正理由，他們僅能在往後的多年裡，不斷地拼湊與猜測，這種「缺乏說明」往往也深刻影響了孩子日後的親密關係與婚姻、自尊自信、對情感的信任等。

找一個彼此都能好好說話的充裕時間，每一個孩子都在場（後續則可另外找時間，再單獨與每一個孩子聊聊）。即便僅有一位成人能夠對孩子說明也是好的，因為實際狀況經常是，另一方在當時不見得能夠平心靜氣地合作說明。若孩子年紀夠大，可以如此說：

「爸爸和媽媽很難過、也很遺憾的，要跟你們說一件事。我們掙扎了很久，討論了很久，也做了能夠想得到的一些努力，包括好幾個月的婚姻諮商。在這些思考和對談後，我們兩人共同決定，要中止我們的婚姻了。這是很煎熬、痛苦的一個決定，但我們認為，這可能會是對你們，也是對我們比較好的一個選擇。」其實講到這裡，孩子們可能就會有一些情緒反應了，或者是需要一點時間來理解這個訊息，可能也會有懸宕在舌尖卻問不出口的一些困惑。允許孩子表露情緒，傷心與憤怒都是被允許的，也允許孩子提出心中的疑問（不限定在這個時間，而是隨時想到都可以前來問你）。

以父親外遇的狀態為例，可接續說明如下：

「婚姻會結束，爸爸和媽媽兩個人都有責任，這不是一個人的問題。雖然爸爸的外遇行為確實是一個重要原因，但我們在關係裡都有一些不夠成熟、如何相處與如何親密的議題。會決定結束婚姻，是因為對媽媽來說，婚姻裡的『情感忠誠』是非常重要的，媽媽要的是『一對一的關係』，並且，是彼此都能夠真誠坦露脆弱、能夠說實話的關係。而幾次的經驗下來發現，爸爸雖然努力過了，但他真的沒有辦法給予媽媽『一對一的情感』與『誠實』。他有他的難處與限制。這個部分是我沒有辦法強求的，我也無權強迫他改變，我只能尊重他這樣的狀態；而同時，我也必須同樣尊重我自己對關係的期待與要求，重視我自己的感覺與原則，我能夠接受的底線。因此，我們最後決定，彼此祝福，也放彼此自由。」

「結束這個婚姻，媽媽有很多的遺憾與捨不得……不過，我現在更心疼和擔憂的是你們……我不知道你們聽到這個決定是什麼樣的感覺？如果我是你們，我想我可能會有點嚇壞了，一方面是擔心兩人離婚後的生活，另一方面又有很複雜的感覺，好比氣爸爸媽媽要讓這個家分開了、難過事情必須要如何等等。我能夠知道你們的感受嗎？你們是怎麼想的呢？……」將焦點從你與伴侶轉移到孩子身上，這種焦點的轉移可能會來來回回發生好幾次，一方面讓孩子明瞭成人的情況與想法，另一方面則傾聽並了解孩子對你所說的話語的感受及看法。這個歷程的重點是，讓孩子有理解與消化事實、感受自己的感受、安全表達情緒、想法與各種困惑的時間，同時能夠享有你全然的關注與陪伴，在如許痛苦徬徨的時刻。

後續，你則需要將焦點轉移到接續的生活變動與規劃上。「離婚後，我們的生活會有一些比較大的變動。我想跟你們一起討論與構思，這個變動和『我們』之後的計畫。我希望能夠聽你們的看法，一起來決定之後的生活要怎麼過……哪些事情要先做，哪些事情慢一點。或者是你們比較偏好什麼樣的選擇？那我目前想到的幾件事情是這樣的……」你必須稍微整理過可能有的變動和必須做的決定，有關孩子的住所、學校、朋友、原有的活動與課程、探視的頻率與方式等，提出來跟孩子商量，並且，允許你的構想有所修正、調整，納入孩子的意見與意願，提供給孩子合理的選擇與決定空間。

如果孩子年紀不大，則可以簡單地以「爸爸和媽媽後來才發現，我們想要過的生活是很不一樣的，對許多重要事情的想法也都很不一樣。我們覺得，不住在一起，反而會比較快樂，也能夠把你照顧得比較好。我們兩個相處得比較好，也就有比較多的心力陪你。」

若離婚當時，孩子還很小，則你需要隨著孩子年紀的增長而「主動」增加適齡、適度的說明，這是隨著孩子的成長與生活經驗開展的，同樣並無一體適用的答案，端看孩子的生活出現了什麼，他的感受與疑惑為何。

我以我遇見的狀況和當時的回應作說明。你絕對可以找到更好也適合你的回應。

我與前夫在孩子未滿一歲半時決定結束婚姻。由於主要照顧者是我，前夫工作忙碌，孩子平常能見到爸爸的時間本就不多，因而對一歲的孩子，我僅是簡單地告知：「寶貝我們要搬新家囉！玩具和書也要一起搬家！把拔沒有要搬，還是住在這裡，在這裡可以找到他。我們的新家一樣有很多的愛，還有對寶貝的歡迎唷。」（對一歲孩子的適齡說明）」。

而因為「搬家」的變動，在孩子的其他生活面向，我便刻意維持穩定不變（控制短時間生活變動的量），於是孩子的生活節奏與日常活動大致如前。我非常幸運，擁有很好的奶媽和奶爸，悉心照料孩子亦全力支持我的決定。奶媽一家提供了保護（好比只有我去，才能帶走孩子），規律的生活型態，營養豐盛的食物，潔淨的環境，輕鬆愉快的情緒氛圍，品質良好的依附關係，以及相處融洽的同齡玩伴。離婚前兩年，我大幅調整了工作形式與分量，下班便去接孩子，盡力維持同樣全心全意、以孩子為主的照料。也就是說，在婚姻中我會怎麼照顧他，在婚姻之外，我也同樣以那樣的程度與細緻去照料；物質生活或許稍降，但情感、關注、陪伴、一起快樂玩耍嬉鬧互動的部分，則大致相同，過渡時期甚至是更多的。生活不很規律的我，在剛離婚那兩年，九點多便與孩子一起上床睡覺，盡力維持「我們家」作息的規律與可預測性。

孩子三歲多時，開始意識到，家裡成員與玩伴家成員的不同。某日我去接他時，他向我要手機，點出一張照片，然後轉身跟比他大半歲的玩伴介紹：「這是我爸爸」。小女生露出了「哦，原來你有爸爸」的表情。顯然兩個小傢伙事先交流了什麼。小女生轉頭問我，為什麼都沒有看過XX的把拔呢？這是一個「不同」，不僅這個女孩，奶媽家前後來的孩子，也多是雙親共同或偶爾輪流接送。孩子會有這樣的疑惑是很自然的。我家小子或者也曾不解？

對著小女生，算是旁人，我只是溫和地說，我比XX爸爸早下班很多，所以都是我來接，我很希望可以早點看到XX，把XX抱回家。十足十真話。回程的時候，我也主動跟孩子說明，並用很簡單的語言讓孩子開始認識「多元家庭型態」，「家」可以有不同的組成和不同的運作模式，很多種都很好。我以「誰來接送」、「和誰一起住」來對孩子說明：「每個人的家可能都有一些不一樣，家有很多種樣子，就像每個人長得都不大一樣那樣。舉個例子來說，不是所有的小朋友都和爸爸媽媽一起住，有些小朋友呢，是跟媽媽一起。有些呢，跟爸爸一起。還有些小朋友，是跟阿公阿嬤住在一塊兒，原因有很多，可能是爸爸媽媽工作的關係啦，或者其他原因，像是公、嬤能夠陪著小朋友的時間比較多等。有些小朋友是和阿姨或叔叔一起住的，或者是跟原來不認識但是很關心他們的人一起住。不管跟誰住在一起，只要是能夠好好地照顧到小朋友、很愛小朋友，而小朋友也喜歡的，都是好的安排。」把焦點拉回三歲小朋友身上，並提供情感保證。「像寶貝呢，就是我們大家的心肝寶貝，不管是媽咪、爸爸、公嬤……都很愛你。感謝老天爺讓我們這麼幸福，可以跟你在一起」。（對三歲孩子的適齡說明）

不要太意外，你在孩子三、四歲以前說的話，未來可能都還要重複數次。這是由於，孩子在「語言前期」時，記憶多以「非語言形式」儲存，加上說的次數也不多，隨著孩子語言的發展和大幅側重，這些內容遂不見得能夠被孩子提取、記得。因而前述的話語，你**說話當時的語調、情感、靜定平穩的感覺，其實比內容更有影響。透過非語言，妳傳遞一種安心篤定的感覺**。

四歲時，孩子進入幼稚園。可預期的是，多元家庭儘管已有三分之一以上的比率，在學校教育中仍未獲同等的側重。記得有一次閒聊時，我心血來潮問他：「你有沒有覺得很奇怪，為什麼媽咪跟爸比沒有住在一起呢？」沒想到這個小娃兒居然垂下了眼簾（這是個很不尋常的動作），並且認真用力地點了點頭。於是我除了重新提起「多元家庭的說明」之外，這次再加了一點：「爸爸和媽媽在很多事情的想法上很不一樣，所以我們覺得分開住會更開心，我也可以有比較多的時間陪你，那爸爸在放假時也更能好好地帶你出去玩」（實情）。（對四歲小孩的適齡說明）

五歲時，我這麼解釋：「我們因為一些原因分開了，跟小寶貝沒有關係，這是我們兩個大人之間的事情。媽咪會覺得，不跟爸比一起住，我比較能夠把你、還有我自己照顧好」（實情），並且開始讓孩子知道，媽咪好也很重要。「雖然沒有住在一起，但是你隨時想打電話給爸爸，或者想跟他一起出去玩，都是可以的喔，媽咪會幫你聯絡爸爸，跟爸爸約。」讓孩子了解，他與爸爸的關係不會因為不住在一起而中斷，隨時可以聯繫、見面、出遊。五歲的孩子通常會追問很多，最後我僅簡單地說：「發生很多事情……等你比較大了，媽咪會告訴你。」

跟著孩子的狀態走，若你願意深入地參與孩子的成長與生活，你自然會看到孩子的需要，進而適時提供協助。

（2）情感的保證（與一致的行動）：這段期間，以及往後的許多時刻，孩子都會格外需要你情感上的保證，「言語的表達」和「行為的一致」同樣重要。不要以為孩子自然而然或理所當然地就會知道你對他們的情感，他們也會有所疑懼。在如此脆弱不安的時刻，許多以往深信的事物，好比永恆不變的家、爸媽曾有的恩愛與婚姻，一一都瓦解了，孩子極需要確認，有些事物是不變的，特別是來自雙親的愛、情感、呵護與照顧。

除了言語的表達之外，行為也需要一致。倘若每次你與他吵架，或他不服管教時，便叫他回去跟另一個伴侶住，他如何相信你愛他、無論怎樣都不會遺棄或放棄他？或是每次你與伴侶爭執，爾後就頭也不回地衝了出去，隔天才回家，不管孩子吃飯了沒、睡覺了沒、隔日還要上學、或當下的感受為何時，他們要如何相信你的保證？相信你能夠在他們需要你時及時提供照顧與呵護？一位勇敢卻也心力交瘁的單親媽媽在與四歲的孩子互動時，經常出現「你不要媽媽了喔？那媽媽要走了唷！」之類的對話，「誰不要誰」、「誰要走了」成為母子兩人的日常話題，我很心疼地看到，這個孩子極端欠缺安全感，只要一不見母親的身影便驚慌失措，母親回來後也會出現撲前搥打母親的憤怒行止。這是一種依附關係上的不安全。

那理應是一種關係中的堅實背景，亦即分離或遺棄的話語及念頭，從來不會出現在你們的對談或選擇裡。你絕對不會放棄他、丟掉他，就算你們有再大的衝突都一樣。孩子永遠可以對你生氣、對你表達傷心、可以反抗你，而你們的關係能夠承接與涵容這一切。現實中，我卻看到許多孩子，害怕被成人遺棄的恐懼是蔓延在生活裡頭的。若此，則你更需要透過主動的情感保證，透過你的話語和行為讓孩子明瞭，無論發生什麼事，你都會與他在一起，不會丟下他。**這在你們家，從來就不是一個選項**。

（3）歸因的調整：越年幼的孩子，越容易將父母婚姻的破局，歸咎於自己的錯誤或不夠好，所謂「魔奇式的思考（magic thinking）」。因而，有時候明白告訴孩子，責任的歸屬在於兩個成人，與他一點關係也沒有，是必要也重要的。儘管不一定足夠。有些孩子會主動擔起許多，其實並非他們該擔當的責任，好比「維持離婚後父母雙方的和諧」、「期待與協助雙親和好」。雙親需要能夠敏銳意識到這些，從而才能協助孩子卸下這些遠不屬於他的重擔。

（4）情緒表達的空間：在處理有關外遇或離婚相關的一切討論時，成人當然必須在孩子面前克制並調節自己的憤怒、痛苦等感受，並選擇其他時刻真正去處理，而非壓抑或轉移，然而，孩子則需要擁有這個能夠充分表達其憤怒、悲傷、疑惑與恐懼等「情緒空間」。給予時間和空間，允許孩子對你和伴侶憤怒、傷心。你需要能夠以具備足夠敏感度與同理的方式，持續調整你接收孩子情緒的頻道與修正你反應的方式，以協助孩子調適情緒（對許多成長過程中未曾被同樣對待的父母來說，「情緒的調頻」非常困難，請你務必為你自己與孩子尋求幫忙）。

（5）自主權的賦還：這是孩子的復原當中非常關鍵的一個區塊。讓孩子對於監護權的歸屬、探視相關事務與其他生活變動，有表達意見與在合宜範疇內做選擇的權利。隨著年紀與身心發展的成熟，這個選擇的範圍亦會隨之擴充。

1.監護權的歸屬：除了以「孩子的最佳利益」做考量之外，孩子比較希望能夠跟誰一起生活、被誰主責照顧，亦是很重要的一塊。特別是年紀較大的孩子。是否能狗懇切地與孩子坐下來好好談一談，雙親如何安排，對孩子而言，較能符合其最大利益與意願？我很訝異的是，一定比例的父母居然不問孩子。即便你有一些對於孩子跟誰可能會得到較周全照顧的判斷與想法，而這也可能是相當符合現實的，也請你懇切地先徵詢孩子的同意，並且與他分享，你認為孩子與你一起或與對方一起較能獲得良好照顧的理由，與孩子一起敞開心來討論，同時也允許你原有的想法被孩子修正與調整。

「共同監護」是新興的一種監護方式，意圖讓雙方父母能夠均等地參與孩子的教養與生活，但我對此一直有些存疑。我會認為，比起分擔在兩個不一定能夠彼此良好合作的成人身上，加上所謂「社會責任分散理論」，孩子不一定比擁有一個主要照顧的成人，更能感受到安全和享用原有資源。**特別是在「高衝突」或「一方具備不當教養」的關係裡（法律上對此的認定經常是不足的），共同監護可能反倒造成某些傷害、利益的受損，甚且折衝了另一方合宜的教養原本能夠發揮的功效。**

「共同監護」的執行也未必都能夠符合孩子的最大利益。實務層面上，通常不會有固定單一住居，雙親們輪流居住於此、為遷就孩子而重新安排工作與生活，更常見的狀況是，孩子必須在兩個家之間往來奔波，而兩邊的生活節奏、活動安排、課外學習、交友等，都反覆地會被打斷，每隔數天或一兩週就得轉換陣地、再快速適應，最終沒有任何一邊的生活能夠完整且不缺席地參與，也因而影響到孩子與他人建立友誼、參與課後球隊或其他領域的訓練、在其他孩子能夠放鬆的晚間時光或難得的假期卻得要收拾行囊奔波到另一方的住所……為的是兩造父母的均等權利與配置，能夠等量參與孩子生活。而孩子的需要呢？真正願意攜手合作的雙親，有無可能超越這種「表面型態」的公平呢？

對多數孩子而言，儘管「我有兩個家」已較「沒有一個是我的家」進步許多，然而或許，在某段時期基本上先以一個家為主，更能有利於安全感的凝聚，同時穩定孩子的身心發展、人際與學習。

2. 探視時間、頻率、活動內容：讓孩子能夠參與探視相關事物的決定。特別是**隨著年紀的增長，孩子對於探視的安排需要有越來越多的自主權**。好比能夠和未同住的父或母商量，依據孩子該段時期的學習、活動、交友、假期規劃等狀態，彈性調整探視的日期、時間、頻率，並輪流進行親子雙方想要的活動等。

對於年紀小的孩子，初期則盡量使探視的約定是規律穩定且可預期的。**孩子在穩定如期的探視當中，能夠獲得一定程度的安全感**；同時，此種規律並具有一定間隔的安排，較能提供離異的雙方重整自己生活的餘裕與空間，各自處理情緒與未竟事物，甚且療傷。

待雙方都更能心平氣和地面對彼此和交談互動時，再漸次地增加探視的頻率。

兩個成人父母的接替中，**盡量不要讓孩子必須「單獨」甚或長途奔波至另一方父或母**

的居所，這個過程最好由雙親輪流接或送，使孩子是從一個成人父母的陪伴與照護下，「慎重地託付」另一位成人父母。這個過程中，雙親也能夠簡短交換一些有關孩子的訊息（後續會提到的「父母的對話」）。自然，有些訊息必須要避開孩子另找機會傳遞或討論）。渥勒斯坦對離婚之子長達二十五年的追蹤研究中，亦提及許多離婚之子於探視過程中必須獨自奔波兩處的孤單，好比學齡孩子必須每週自行搭乘飛機或其他交通工具至另一方父母的居所，生活與交友的中斷，以及對法院所規範的強制性僵化探視的憤怒，法院所規範的探視是一次定終身的，兩歲到十八歲是一樣的，未能依據孩子的成長、生活安排、親子關係轉變而適時調整，同時沒有孩子發言的空間。凡此基本上都在滿足「成人」的想像和需求，而非「孩子」真實成長的需要。

請你規劃，「以孩子為中心」的探視安排，而非以「雙親的便利性及需要」為主軸的安排。我指的當然不是另外一種極端，亦即只考量到孩子而不實際納入成人的狀態與限制；這比較是一種側重，傾向於以孩子為中心，**先思考如何滿足孩子，再考量如何滿足雙邊父母，或者是兩造（孩子 vs. 父或母）的輪流滿足。**

中國傳統農曆年的「圍爐」（在西方可能是耶誕節等重大團聚節日），就經常是一個棘手的課題。有些孩子可能需要「趕場」，當中有兩邊家族的角力與較勁，孩子到底姓啥要在哪邊過年？這些成人們需要學習放下「自己」，**必要時「你」，親愛的爸爸或媽媽，必須站出來擋在孩子與其他成人長輩之前**，回到如何讓孩子有個快樂、溫馨、確實能享受與親人聚首的假期好嗎？幾年輪流一次，不失為一種可行的做法。甚或以孩子的意願和其與兩方親戚關係的親疏遠近為考量點。

有些決定真的很困難。**每一次當我產生疑慮，不確定如何做比較好時，我就會先停下來，允許自己靜心思考一段時間。我會回到，「這段時期孩子最需要的是什麼？而什麼樣的方式，才能滿足這個需要，同時也是有利於孩子身心發展的？」、「孩子的意願是什麼？」、「我能夠做的與目前不能夠做的，分別是什麼？（也尊重自己的限制）」等層面的思考。**

年紀越長，孩子越會有自己的時間規劃與假期安排，因而，「探視」需要為孩子預留這些空間。讓孩子擁有對「探視」的發言權與一定程度的控制，其實反倒更能促使孩子對這段親子時光的主動投入與享受。而未能尊重孩子意願與狀態、高壓強制進行的親子相處，非但無益於關係的親近，反倒經常有所損傷。

此外，未同住的父或母，是否在家裡為孩子保留了獨屬於他的臥室或空間，孩子並且能夠安心地將物品放置在那裡，不會有未經他同意而被翻閱、取用的情形？是否即便定期打掃也先經過他的同意，並有可置放私密物的設置？而當探視時間到來時，你是否能夠撥出百分之百的注意力與孩子相處？或者依舊回到工作、電視、報紙、雜誌、**iphone**裡頭，僅是多一個「把孩子擺在旁邊」的動作？你是否能夠與孩子共同從事一些，孩子感興趣的事情（你知道那是什麼嗎？），而不都是你感興趣的？**不要用其他一些東西來取代愛**，好比：**物質享受與過多的饋贈**（名牌衣物、玩具、禮物）、縱容（為討好孩子而未能制定或貫徹合理的要求），以及降低標準（為競爭孩子的愛而暗中打破另一半對孩子有益的規定等）。真正的愛是賦予足夠的關注與陪伴，能夠傾聽孩子，適度尊重，合理要求並溫和堅定地執行。真正的愛，是願意與另一方一起合作，攜手調整對孩子最有益的安排與教養。

3. **其他生活變動**：在合宜的範圍內，還給孩子對後續生活其他面向的自主權及決定權。好比是否要轉學？或者維持就讀直至畢業？而同住的一方可能就要做出某些調整，諸如提早半小時起床，以便協助孩子維持原校就讀。是否保留並持續參與原有的課外活動等。

（6）控制短時間內生活變動的量：頻繁地搬家、轉學、換工作，都是徒增適應上的挑戰及困難。以上這些都屬於較大的生活變動，你與孩子都需要一定時間來適應，也將耗費一定程度的心神與精力。好比搬家，除卻舊家事物的收拾打理，也包括情感上的割捨及道別；而遷移至新住所後，將所有物品安置歸位、佈置新居、熟悉陌生格局、習慣睡覺的床鋪與做功課的桌子、認識周邊環境與商家、確認交通方式、與新的鄰居建立關係、更新地址電話、公告友人……這些新增加的「要求」自然加重了情緒負荷與可能的挫折。請你盡力讓自己與孩子生活中的變動，不要擠在同一時間發生。好比既然得搬家，可以的話就暫時先別轉學、換工作。事情一件、一件地來。

（7）預留緩衝時間：及早告知孩子你與伴侶的計畫與時程，使其有時間預作準備與調適。好比搬家、轉學，某些課程或活動的中止。最好能在計畫的當時便涵括了協助孩子準備與調適的時間。特別是天生氣質上對環境刺激變動較為敏感的孩子、需較長時間適應陌生事物的孩子、罹患特殊生理疾患而格外需要照料的孩子等，漸進式的安排絕對是必要的，也經常是其最終能否適應的關鍵。

（8）協助孩子生活與情緒各面向的調適與因應：孩子確實具備一定的復原力與韌性，只要成人與環境並非持續傷害的來源，抑或成人能夠辨識出來並移除阻礙其復原的事物。此外，成人也可以提供某些促進復原歷程的實際協助。好比，在分離的時刻與新環境的轉換上，主動協助孩子「道別」，繼而再與新的環境建立情感連結。

做法有許多種。例如搬家的時候，刻意在最後預留半天或一天時間，舉行一個「離別儀式」，與孩子一起走到每一個房間裡，置身裡頭回憶這個房間裡發生的事，無論是快樂的、悲傷的、孤單的、憤怒的，彼此分享這些記憶與情感，允許埋藏的情緒被誘發、自然流動與釋放，最後則給予這個房間感謝與祝福。儘管這個過程看似會激發許多原本不會產生（但確實存在）的強烈情感，然而透過這個儀式，允許孩子有機會覺察並碰觸自己的情緒，在不刻意迴避也不試圖留住情緒的狀態下，其實是相當有助於後續的釋懷與放下，同時也在孩子心理與情感上清出空間，容許新的事物與新的情感進駐。

再諸如，轉學至新學校的前幾天，可以先帶孩子到校園裡逛一逛，讓孩子在你的陪伴之下，初步認識與探索這個新環境。當孩子第一天來上學時，他會攜帶著與你共遊、共同摸索的溫暖記憶與相伴而來的安全感，從而平順地安頓下來。

6-5 調適與復原時期—恢復獨身後的前幾年，對孩子的關照和協助

有研究指出，**離婚後的前兩年**，對於建立「正向的親職模式」而言，是極為重要且關鍵**的階段**（Thompson & Laible，1999）。若能一步一步平穩地前進，則能為往後數年的生活與親子關係奠定穩定的根基。然而有時雙親在這個階段遭遇到的許多額外的困難，卻是長期在婚姻當中的親子關係累積下來的。舉如孩子已不大跟你說話、不服管教、被另一半洗腦認為你說的話都是錯的、你是比較低等的物種等（註4）。這些困境，根本上與離婚的議題無關，僅是原有的婚姻問題與親子關係議題延伸到婚姻結束後的狀態而已。當時未能妥善處理的，在危機發生時，再度成為焦點，讓你有機會學習將它完成。

恢復獨身後的第一優先事務

養育一個孩子從孕期到獨立成人的過程中，會有許多時刻，成人的需求和孩子的需求互相衝突，因此成人多半得要有所捨取與調整，特別在生命最初幾年。既然「選擇」了成為一個父親或母親，那麼你便需要在不同時期內不同程度地按捺住自己的特定需求、享樂、願景、使命與事業的追求，放緩速度。「魚與熊掌」是可以得兼的，只是需要你將時間拉長而已。好比若你獨身，某個事業目標一年便可達成；有了孩子後，若孩子仍年幼，試試看給自己訂

下六年；孩子若稍長，也許三年，你會發現其實你同樣能夠完成原定的事業目標，同時又保有了與孩子的親密和良好關係。

也會有某些時刻，孩子與成人的需求是一致的。結束婚姻後，就有一個獨身的父母和孩子都能受益良多的做法，亦即：「**盡快回歸安定規律的生活**」。

作息的規律安排、可預期的活動，有助於剛剛恢復獨身的父或母以及孩子，從過渡時期的，混亂較快回歸到井然有序、平穩安定的狀態。這對成人與孩子，情緒的穩定與安全感的重建有極大的幫忙。基本上，孩子雖能從隨性或突發的活動中獲得樂趣與振奮，但遠不及規律和可預期的生活安排對孩子發展的助益來得大。前者因而偶一為之即可。

我得承認，維持規律的生活作息對我來說是困難的，唯始終是我努力不輟的目標。在選擇照顧孩子的人選與就讀的幼稚園時，我也會刻意將此部分列入考量。藉由挑選協助人選與外界的架構，補充我的不足，盡量給予孩子較好的穩定性與生活結構。

對孩子傷害極大的做法（請你與伴侶盡最大的努力避免）

以下同樣是可能對孩子的發展造成傷害的數種做法。已離異的雙親卻不見得意識到這些傷害的嚴重性與這些行止本質上對孩子的「剝奪」。

1.要求子女扮演離異夫妻之間的「橋樑」：成人彼此拒絕溝通，轉而要求孩子居間傳話，「你去跟你爸爸說……」、「叫你媽要……」，有時自己做了違背約定的事，蓄意把孩子推出來作擋箭牌。這些對孩子來說無疑都是額外的壓力及負擔。即便婚姻結束，「與伴侶對話協商」依舊是你的職責，請你將這個職責重新放回你自己身上。

2.利用子女從對方那裡獲取實質的利益：諸如，要求孩子向另一方開口要錢。對許多孩子而言這是極不好受的經驗，即便要錢的對象是自己的爸媽。為孩子「謀求並預備」足夠的生活花費和教育費用，本就是父母的職責。而若是孩子本就該享有的權益，舉如與另一半共同分擔的扶養費用，對方卻未能定期給付，那麼，請你勇敢地挺身為孩子爭取，以平和、堅定、具備你的智慧的方式。倘若對方真的無意願給予或者無能力提供，那麼，與其停留在苦苦等待或持續抗爭之中，不如轉而思考，如何靠自己為孩子賺取足夠的費用。也許一邊採取合宜的法律行動，一邊開始學習擴大你的收入。

3.拉攏孩子，形成單方親子聯盟，試圖挽回婚姻或懲罰不願復合的另一方：在暴力家庭裡，特別容易觀察到這樣的現象。施暴者透過某些方式獲取孩子同情與認同，並與孩子結盟，在婚姻結束後依舊得以持續地對另一方施暴，特別是語言上的。舉例來說，對孩子灌輸，我們家會搞到這樣都是因為你母親不肯復合（而非因為我的暴力或外遇不斷）、她很自私只想到自己的快樂卻不願意為你們做點犧牲等。孩子在此過程中受害極深。即便是受到傷害的那一方，我也並不鼓勵形成單方的親子聯盟。若對方有可能傷及孩子，那麼你要做的是把孩子護佑在你的羽翼之下，亦非結盟。有這樣渴求的成人，請你開始學習從其他的友伴及成人之間，尋求你需要的撫慰、保護與支持。

4.透過孩子刺探敵情：透過對孩子問東問西，或是某些具有誘導性的問題，希望獲得更多對方生活的細節與資訊，好比新的戀情等。人自然都有一定的好奇心，但請你克制這樣的衝動與好奇。或是，請你直接去問你的前伴侶。你的這些問題不在於關心孩子，也並不出自於對前伴侶的真誠關懷……而你認為孩子感受不到你的意圖？我的意思並非在與孩子互動的過程裡，不能稍稍問些滿足自己的問題，只是那需要在一個適度的範圍之內，而當孩子顯出不願意回答時，請尊重他。

5.要求子女放棄或隱藏對另一方的情感或連結：有時這些競爭是在檯面下進行的。有些雙親儘管表面上開明，但當孩子顯露出不特別想與另一方親近，或和對方在一起不好玩時，不自覺地透露出喜悅或者被撫慰。敏感的孩子很擅於感知雙親這種潛意識裡的期盼，更有些孩子本能地透過這種方式，「討好」並鞏固與特定一方的關係。

6.對孩子最大的傷害之一：未得到監護權的一方，從孩子的生活裡徹底消失：我不知道這些父或母是如何被自己的痛苦，或與自身利益的衝突而擊敗的，但這種徹底消失的方式，絕大多數的時候不可能「對孩子比較好」。

即便不成熟的另一方百般阻撓你與孩子靠近，你仍是要讓孩子知道，你的愛，以及你永不放棄與他保持接觸的努力。若你真心想要維持與孩子的聯繫與付出，你一定能夠找到某些方法，讓孩子有機會持續感受到你的關心與愛。很少有你完全無法做些什麼的情境……在絕大多數的情況下至少都有那麼一丁點是你可以做的。特別是當孩子年紀漸長，這種來自家庭過度且不當的箝控便會有越多的縫隙，得以讓你的關懷浸潤與進駐。

極端有害孩子發展的兩種教養方式

在此我要特別提出兩種令我憂心的極端教養模式。這兩種方式也許是短期內或表面上看來對孩子有益，實質上卻是極具傷害性且很明確是對孩子健康成長的一種剝奪。臨床上接觸太多，由於過去這種成長模式而終生都在受苦的「長大的孩子們」。在此說明如下：

（1）親子角色逆轉

孩子成為照顧者，成為你的好友、傾訴的對象，甚至可能是唯一的慰藉對象，或成為你尋求意見、商討對策的同伴。想想看，你的某個孩子是否是你打理家務、照料更幼小弟妹的助手，是你無話不談的知己，取代了你的配偶，成為你的心理諮商師，同時還可能是你的財務及愛情顧問？

這是一種被嚴重模糊了的「親職界線」（parental boundary）。母親不再是母親，或父親不再是父親，孩子成為了這個家反轉或替代的父或母，而真正的父母卻變成了孩子，饑渴地索求孩子的慰藉、服務與照顧。孩子被逼迫著，跳過童年，快速長大。他沒有辦法享受與同年齡孩子一樣的生活，被悉心呵護與照料，有充分的時間遊戲、交朋友、讀書、探索發展自我、煩惱這個年紀該煩惱的事、以他的步調與他的方式去認識這個世界。這樣長大的孩子，通常是一種「虛假的成熟」，背後是一個「虛假的自我」，空的、沒有太多真正被認識到的自己，自我價值僅僅奠基於是否能夠提供給他人滿足，或者多大程度能夠被使用、被需要，人我界線模糊。

親子角色逆轉的孩子，早年也許會得到許多因執行這樣的角色而來的關注與稱讚（通常也是最欠缺關注及安全感的孩子，容易主動去承擔這個職務）；而這些未曾意識到自己剝奪了孩子什麼的父或母，甚且還會很自豪於孩子的體貼與早熟。

然而，多半自青春期開始，這些孩子逐漸會顯現某些特殊的困難與狀況，除卻憂鬱、焦慮等情緒困擾之外，時常很容易陷入同樣「界線模糊」的親密關係裡，複製同樣過度照料對方的角色模式。可能因為想要及早逃離原生家庭，而跳進另一段同樣不健康、問題重重的關係裡；或者因為始終無法放手離家而擱置了自己生涯和親密關係的如常發展。

當同年紀的人健康地穿越青春期的混亂與困惑，逐步地成熟、確立自己時，這些表面看似早熟的孩子，卻可能就此停留在某狀態中多年，浮浮沈沈。

親愛的，當你發現這個情形後，你需要好好地去拓展你的人際支援，以及尋求其他的資源管道。學習設立並維持一個「健康的親職界線」，「讓孩子就是孩子」，享受他應該有的童稚與童年，享受他應得的呵護與照顧。這無疑是你能為他做的最美好的事情之一。

附帶一提，即便在婚姻關係存續的家庭裡，我也多次聽到父母疑惑地問我，特別是孩子臨屆青春期時：「到底我是要當孩子的爸媽，還是要當他的朋友呢？」問題的答案一直很明確：「無論任何時刻，當有必要時你都得選擇先當孩子的爸媽。」替孩子制定規則、約束行為，做僅有爸媽能夠協助孩子健康發展的那些事情。隨著孩子年紀增長，執行親職的方式會改變，基本上是越來越以平等、尊重、類朋友的方式進行，舉如討論、召開家庭會議、退居一旁支持而非主導等，唯本質上仍是協助暨引導孩子更朝向獨立自主，而那便是雙親的職責與角色。

從另外一個層面來思考，孩子可以有無數個朋友，但卻永遠只有一對爸媽；即便是繼父或繼母，意義上也無法等同於生身父母。因而，請別冀望能夠把「親職外包」，由他人來頂替你教養孩子、當孩子的爸媽。

（2）視孩子永遠為無行為能力的個體，過度保護與過度照顧

另外一種與上述「親子角色逆轉」全然相反的極端，是過度溺愛與保護孩子。這是非常令人難過與遺憾的，你的愛沒有成為讓孩子健康成長的土壤及養分，反倒可能成為毒素，阻礙了他成熟自立。

我要特別提醒現代的父母，「滋養的愛」和「絆倒孩子的愛／溺愛」的不同。

婚姻與家庭治療師大衛．里秋，曾針對成人們健康成熟的愛情，提出一個很好的描述與區分，我覺得不僅適用於成人之愛，也很適合用於理解何謂健康的親子之愛（由於其所使用的某些語彙較易引起誤解，因而我仍是做了相當的修正及補充）：

滋養的愛	絆倒孩子的愛／溺愛
支持對方為自己作一些事：培養自我照顧的技巧	替對方包辦一切：助長依賴心
為了賦予對方力量	深信對方無能為力，或使對方如此看待自己
尋求貢獻一己之力的機會，隨後放下	尋求在他人的生活中佔有一席之地
幫助對方變得成熟幹練	接管對方的責任，使對方無機會學習成長
教導對方將來派得上用場的技能	展現技能，一而再地這麼做
順應對方接受幫助的意願	施加幫助，不管對方願不願意接受
考量如何、何時施以協助時，依然保有個人界線（明智地做調整，兼顧自己與他人）	願意為了滿足對方的需求而背棄個人界線（拼命付出至嚴重失衡的程度）
真誠回應對方的需求	以滿足自身的需求為最主要的考量
一種尊重	一種掌控

健康且滋養的親子之愛，基本上蘊含著一種對孩子「個體性」的尊重。成人們必須要有清楚合宜的「自我界線」與「親職界線」，先能尊重自己，繼而才能尊重到孩子。滋養的愛，同時是以協助孩子身心健康發展與邁向獨立而努力，父母們有時在前頭引導、有時在一旁打氣、有時則適度地隱身在幕後。回應與滿足的，是孩子真正的需求，而非自身的需要與投射。

過度保護、溺愛、會絆倒孩子的愛，本質上是一種掌控。為了滿足自身需求，好比覺得自己很有力量、不可或缺、具有重要性、被認同的需求。要孩子同意自己的價值觀與判斷。做許多事時，不管孩子意願如何、實際上需不需要，堅持強加。

復原與調適時期，你能夠給予孩子的極佳協助

以下是這個階段，你能夠相當程度地幫助孩子調適並且促進其健康成長的幾個方向，包括：「維持一種無形的教養結構」、「讓孩子免於經濟的憂慮」、「協助孩子重建安全感」、「理解不同階段／氣質的孩子，有不同的需求」、「尋求心理諮商」、「成為夥伴父母」、「拿掉孩子『忠誠』的負荷」、「做前伴侶與孩子之間的橋樑」，以及「教育身邊的親戚成人」。

（1）維持一種「無形的教養結構」（以孩子為舞台的中心）：如前所述，儘管有關後離婚

家庭的量化與質性研究中，經常持有特定立場，然而部分結論或心得仍是有益且實用的。諸如茱莉亞．路易士（Julia M. Lweis）等人以下的描述：

「在健全的家庭裡父母在孩子的成長過程中扮演的是幕後的角色。其功能是為孩子創造一個安全環境和扶持的力量。孩子在小學、中學期間要做的就是讀書、遊戲、交朋友、長大。從孩子的觀點來看，他佔居舞台的中心，父母如同製作人，在舞台兩側確保表演順利進行。他們當然要為演員打氣、鼓掌，提供食物與衣服；孩子跌倒時，父母應適時跑出來扶他們一把，撢去灰塵，然後又立刻退出舞台。」

「……在家裡他們會持續維持一種『父母的對話』，並且從孩子出生後就永不間斷：某某表現得如何？老師知道他有數學天分嗎？……父母的對話總是圍繞著每天發生的事和家人的互動，透過日常對話和睡前聊天形塑孩子的成長環境，隨著孩子的成長與變化而順應其要求。但這樣的對話在離婚後便戛然而止，父母作為孩子啦啦隊的角色無形中削弱了。」

即便是獨力扶養孩子，這種無形的教養結構依舊能夠被維繫或建立起來。基本上便是清楚的「親職界線」，讓孩子就是孩子，享受並保有他的成長時光；理所當然是家庭生活的關注、焦點，佔居舞台的中心。

而與前伴侶若能逐漸形成夥伴父母的合作關係，則此種「父母的對話」依舊能夠進行。即便前伴侶僅部分參與，然而與其他成人之間（姨舅姑伯叔、阿公阿嬤、老師、學校家長、朋友），依舊能夠適切進行此種「以孩子為中心」的「父母／成人的對話」。把這分獨屬的關注與成長空間還給孩子。

此外，雙親離異後孩子常見的共同經驗，其實並非「失去父親」。即便監護權歸屬於母親而孩子依舊與母親同住，但許多孩子經驗到的是一種隱微無形實則深遠巨大的失落……就某種形式上，失去了那一個在過往婚姻裡「心無旁鶩地關愛著自己、悉心照料所需一切的慈愛母親」。

在婚姻中能夠全心照料孩子的媽媽，變得眉頭深鎖、失卻耐性，鎮日為工作與經濟煩憂，或緊張易怒，或憂鬱垂淚。這種母親雖在身旁卻已迥異的失落經驗，是影響深遠卻難以被哀悼的。孩子通常也不認為，自己還可以再要求什麼。

這其實也就是上述「無形的教養結構」的崩壞。既焦慮復疲憊的母親，需要能讓自己先恢復平衡。

（2）**讓孩子免於經濟的憂慮**：此為雙親離異的孩子經常過度承擔的負荷之一。許多孩子如此為家中的生計與經濟擔憂，父或母毫無遮掩地讓孩子暴露在殘酷的現實及壓力之下，我並不認為這是恰當的。因為其實孩子的整體身心發展與資源，不見得能夠好好地消化並因應這一切。

孩子需要有「免於經濟憂慮」的保護。這無疑是成人雙親的職責。當然，你可以某種程度，讓孩子明白家中經濟的限制與可以擁有的替代性選擇，必要時也適度要求孩子的合作，諸如在你尚未下班的時間，孩子必須自行完成作業或學習自理某些適齡事務。而這些基本上都能，平靜安定而非誘發孩子高度焦慮與不安定感的方式進行。

記得這一章一開頭時我曾經提到的，「家庭中的情緒氛圍遠比物質環境更重要」嗎？倘若為了金錢的賺取而讓自己與整個家庭處在極糟的情緒氣氛當中，你整體失去的，可能會比你得到的，要多得多。

吃的飽且營養、穿的乾淨溫暖、有一處雖小卻溫馨充滿情感的居所，其實沒有你想像中那麼困難。好的教養也不一定都很花錢，精神的富足與提供給孩子的經驗及刺激，只要「用心」從很多層面都能獲得。

找其他成人來商量你工作或財務上的困境。必要的時候，開始確實去拓展你的財務智能與賺錢的能力，一步一步前進。

（3）協助孩子重建安全感（相信自己依舊被愛，任何狀況下都不會被遺棄，平撫因新生活而產生的焦慮：前離婚期的一些「協助重點」，在此階段依舊非常重要，唯側重的面向因時程轉換而有所不同。協助孩子重建安全感，一直是一個非常重要的主題，因而儘管部分做法前述已提過，我仍將其簡要彙整如下：

1. **讓你與孩子盡快安頓下來，建立規律安定、可預期的生活節奏。**
2. **在孩子感到安全與確定之前，至少一段時期，比在婚姻之中更多的實際陪伴與關注：**在此所謂的「陪伴」，指的是「優質親子時光」，亦即並非你一邊做自己的事，一邊和孩子在一起。一面拖地、煮菜、看電視，一面和孩子聊天，那是很不一樣的。你必須放下手邊所有事務，全心全意地陪伴孩子，把百分之百的注意力放在與他的對話及互動上，專注細膩地看著他並有眼神交流。二十分鐘或一小時都好，效果遠比一整天都和孩子在一起卻各自做事來得強。孩子應該得到你「全部的注意力」，而非總是要從什麼事情上「分得一點」。此外，與孩子共同從事的活動，不要總是你感興趣的，多去做一些「孩子感興趣的事」，並讓自己從中也能得到樂趣。

3. **情感的持續傳達：**即便孩子成長的過程中，你已說過無數遍了，結束婚姻後這段復原與調適時期，仍要請你「重複」對孩子傳達。告訴他，很多事情，好比結束婚姻且獨力扶養他，是「你的選擇」，而你甘之如飴；告訴他，這段婚姻裡最棒的禮物，就是他；平凡的時刻出其不意地停頓下來，全心擁抱他一下；偶爾專注地看著他，簡單地說「我愛你」、「我很享受我們在一起的時光。」

當你時常表達你的情感，且行動一致時，孩子可能會浮現的那些疑慮：爸媽會不會有天也不要我了？我是不是多餘的？是拖油瓶或累贅？……自然消散無蹤。

4. **隨孩子年紀的增長，適時「補充」對結束婚姻的合宜說明：**對三歲孩子有益的理解，顯然與六歲、九歲、十二歲、十八歲都大不相同。孩子提出問題時，不要迴避，認真看待且真誠回應。而當孩子心智足夠成熟時，你需要有一個完整的說明，這個說明且是能夠幫助孩子從不同的觀點來理解這段婚姻與它的結束，同時更有益於他與另外一個父或母的關係。這個「有益」，有時是協助他理解到另一方的限制和困難，有時則是讓他意識到他需要學習與對方劃出界線與自我保護。完整適切的說明也絕對有益於孩子自身的親密關係。

5. **調整孩子對「單親家庭」的扭曲觀感：**這得先由你自身做起，你如何看待單親這個狀態，會直接影響孩子。你若感到羞愧、失敗、匱乏、不完整，這種感覺很自然地就會傳遞給他。孩子會同樣視自己的家庭是破碎的、有問題的、比不上別人。

6. **「以孩子為中心」的探視安排：**沒有那種一歲到十八歲「一體適用」的探視模式，隨著孩子成長、與雙親和兩方親戚關係的轉變、意願的消長等，不斷調整探視的安排。**而當孩子足夠大時，好比高中，讓孩子知道他可以重新選擇並決定，要住在哪裡，以及跟誰住。**屆時你可以主動提及，讓孩子知道他可以提出「和另一方父或母一起生活」這樣的要求。

7. **其他生活控制權的讓渡：**別誤會是要讓孩子變成家中的大王，決定一切。而是在那些你已先行評估、過濾，能夠讓孩子自行決定的事物當中，再挑出「合宜的選項」來讓孩子選擇。也就是在某事的諸多選擇之中，如果僅有兩種你認為是較合宜的，那麼，就讓孩子在這兩個選項當中做決定，特別是年幼的孩子。隨著孩子逐漸長大，多選題或可逐漸成為僅劃出特定界線（好比不能違法、不能傷害到自己和他人等）的自由作答題。

除了安全感的建立之外，要養成孩子「自我肯定」的能力，父母也必須「將權力逐漸

轉移給孩子」，在許多事情上清楚地讓孩子知道，「我怎麼想並不很重要，重要的是你怎麼想，你覺得如何」。隨著孩子身心的成熟，並且能夠對你「證明」他確實能夠「自我負責」，承諾你的事項可以做到，而漸進式地放權。

簡而言之，便是從不同層面與透過不同方式建立孩子的「內外在安全感」，同時讓你自己成為他能夠信賴且感到安心的那個對象；無論周遭環境如何遽變，至少一人始終如一。

（4）理解不同階段／氣質的孩子，有不同的需求：教養側重的重點與適合的的方式基本上會隨著孩子的年紀而不斷調整，也會因孩子天生氣質的不同而有相當大的差異。因而，你需要去明瞭各個階段孩子的「共同需求」與（你家寶貝的）「獨特需求」，才能更為有效且貼合孩子，協助他因應生活與情緒上各個面向的挑戰。

本章裡提到的許多「協助重點」，其實也都有需要「與時俱進」的特點。對孩子的「適時」協助，遠不是一年、兩年，而是貫穿在成長的整個歷程裡，並且編織在各式的議題當中，好比自我概念、情緒調適、人際關係、兩性價值觀、建立健康親密關係的能力、職涯的選擇等。

（5）**尋求心理諮商：**倘若你實在已心力交瘁，或者不知該如何協助孩子調適情緒、療癒傷痛、適應新的生活，除了本書所建議的這些事項與情緒空間的提供之外，或許也可考慮為自己或孩子尋求短中期的心理治療與支持。選擇居家附近且專業足夠的諮商服務，也可考量相關的免費／補助資源。

（6）**形成夥伴父母：**這需要雙方有一定的意願與默契，願意為關愛與扶持孩子而放下嫌隙，共同努力。在實際行為層面上，可以透過共同出席或參與孩子生活中的某些活動，或者共同出遊來努力。探視時間，比較是屬於另一方的父或母單獨與孩子的互動交流，除非該位成人可能在明顯或幽微的層面中對孩子造成傷害，否則孩子仍是能從這樣的專屬時光中獲益。

隨著失落與創傷的逐漸復原，你將能夠與前伴侶更為平和且愉快地相處並合作教養孩子。這可能需要花費彼此二至三年的時間，甚至更長。然而，當你能夠與前伴侶氣氛平和且愉快地共同出席孩子的許多活動，一起帶孩子去看醫生，結伴去看展覽、表演、到郊外旅遊……對孩子而言都是一分恩賜，意義重大。這也是前述「無形教養結構」的一部分。當你與前伴侶能夠這麼做時，你們在對孩子「**以行動傳遞**」一個重要的訊息：成人的關係是成人之間的事，與爸爸媽媽和你的關係無關；你是被呵護與重視的，不管我們的關係如何，都是我們的寶貝孩子。「言語」總需要「行動」的證成。

很重要的是，愉快地做這些事情，享受這個時光。別讓這樣的時光又成為彼此劍拔弩張、冷戰鬥氣的時刻，若此，便全然失卻它的意義了。

（7）拿掉孩子「忠誠」的負荷（亦即替孩子拿掉「我必須忠於一方」的負荷，使其能夠自由地發展與雙邊父母的關係）：我很意外地發現，即便孩子很小，也似乎沒有人這樣教過他或要求他，但他很自然地就會有，與關係好的那一方父母站在同一邊、同仇敵愾的心情與行為。並且可能對自己和另一邊父母的靠近，感到不確定、不安，有些孩子甚至感到歉疚或罪惡。

若你意識到這個，主動幫他拿掉他的負荷。使他明白，不管你是否在生前伴侶的氣、兩個成人該段時期的關係是否較為緊繃，這些都跟他無關。他仍然可以與前伴侶親近、共處得很開心、親他、抱他，全然不用顧慮到你。這本就是他該享有的。而你即使正在不爽前伴侶，但當他與對方玩得很盡興時，讓他知道你仍舊衷心為他感到高興。

而若孩子仍是選擇與你靠近、在某些時刻支持你維護你。那麼，也尊重他這樣的決定。表達你的感謝，同時也記得必要時保護他與另一方父或母的關係。

（8）做另一半父母與孩子之間的「橋樑」（協助建立前伴侶正向的父母形象）：路易斯．亞伯朗斯基（Lewis Yablonsky）曾說，「母親是父親人格、性情、操守最主要的詮釋者。孩子怎麼看待父親，主要取決於母親對父親的評語和看法」。亦即，母親是孩子心中父親形象的基本過濾器，對父親與孩子的關係有極大影響。反之亦然，父親對母親的評價與詮釋，也可能相當大程度形塑並影響到孩子對母親的觀感與關係。

孩子要能超越這種成長時期不斷被灌輸的來自雙親對另一方的詮釋與觀點，需要許多額外的努力。特別當這些詮釋是惡意的、不成熟的、經常伴隨情緒宣洩的時候。

你需要「真誠」，基本上符合另一方的真實。但同一件事情，永遠可以用不同的方式來描述。此外，你絕對需要過濾，僅挑選「對『孩子』（而非另一方）長遠有益」的那些部分，有時也包括謹慎少量揭露較不被渴欲的事實，以協助孩子自我保護。「保護孩子」永遠是第一考量，「孩子與對方的關係」（對方在孩子心中的形象）則位居第二，仍是重要的。

每一個人，一定都有他的優點；每一種特質也絕對都有正、反兩面。找到前伴侶「符合真實且正向」的那一面，為孩子建立這個形象。

（9）教育身邊的親戚成人：夥伴父母需要共同認知到這個可能，並適時採取行動。好比長

輩或親人在孩子面前，以不尊重且批判的方式，提及另一方的父或母，或在孩子面前講對方的壞話。這是需要被制止的。特別是年幼的孩子，經常無法消化這樣的矛盾，或者還未能理解到觀點可以是多面向的、人事物的非二元性等。更麻煩的是，這些私下的評論，通常沒有機會，能夠提出來與孩子討論。這些講壞話的成人親戚，也並非為了孩子的需要而說這些話（自然也未考量到孩子的感受），多半只是著眼於自己的抒發或怨氣一吐為快。

另外一種情形是，**蓄意破壞另一方父或母對孩子的管教及要求**。這在婚姻存續家庭中也經常發生。「你爸爸不在，沒有看到沒關係」、「你媽媽真是莫名其妙，小孩子吃冰有什麼關係，你盡量吃，吃不夠阿嬤再買給你」。其實重點不在於這個規定的內容是否合理，或誰的想法比較對、比較聰明，重點在於，當其他成人這麼做時，一方面破壞了「雙親執行親權與要求的威嚴」，成人透過示範對雙親與其規定的「不尊重」，而教導孩子「不必尊重」；另一方面也傳遞給孩子一個訊息，「你可以陽奉陰違」、「約好的事項不去遵循是沒關係的」、「只要沒被看到，就沒問題」。

我經常很疑惑，這些成人們到底知不知道自己正在對孩子做什麼？

在孩子十一、十二歲以前，若可能的話，雙親儘可能採取較為「一致」的教養規定。

孩子進入青春期後，則可以讓孩子明白，兩邊的某些規定是不一樣的，理由何在。此時孩子多半已能夠明白不同的人會有不同的觀點與要求。而某一方父或母的規定若不合理、需要修正，允許其被提出來討論。在某些極特殊的狀況下，某個長輩先行允許孩子暫時超越原規範，但稍後向訂下規定的父或母說明這個情形，以及做此決定的理由（若能先行徵求同意自然更好）。規定都是有彈性的，只是最好能夠在「彼此尊重」的狀態下執行與做調整。

6-6 無法成為夥伴父母的狀況

夥伴父母是彼此一個努力的方向，然而卻不是所有離異的雙親都適合、也能夠建立長期真誠合作的教養關係。以下這些狀況便不適合成為夥伴父母：

1. **另一方的父或母可能對孩子造成極大的傷害**：包含肢體暴力、精神虐待、忽視、極端不當的教養（toxic parenting）等。第四章提到的反社會人格、中重度的自戀型人格，以及藥物、酒精、性、網路、賭博等各式成癮者，都可能是極端危險且具傷害性的父母。

2.另一方的父或母根本無意願與孩子保持聯繫，或付出心力。

若對方不願意分擔教養孩子的責任，你首先要做的最重要的事，其實是「保護孩子」。不一定是據理力爭、試圖教育或說服對方，儘管在必要時，你確實需要挺身而出為孩子爭取，他本來就該享有的經濟照顧或其他資源，但這些都請你盡量在「確定孩子受到保護」的狀態下進行。別讓孩子無所遮掩地暴露在更多的攻擊與直接傷害之下。

讓孩子「適度」知道實情，有時是必要且重要的。以盡可能降低傷害和衝擊的方式，讓孩子適量（不需要是全部）明白另一方的真實，**不帶情緒與批判的中性陳述**。例如，「我們大概已經半年沒有收到爸爸這邊給的扶養費了」（vs.你爸爸就是不負責任，說好的生活費呢？講的話都像放屁一樣）、「媽媽要先跟你取消這一次的探視，剛才匆匆忙忙的在電話中來不及說是什麼原因」（vs.你媽不來了啦！就知道沒能持續幾次，不知道自己要去哪裡黑皮了，孩子都不顧！）。**透過你的智慧與愛，協助孩子更好地「詮釋」這個事實**，在極不佳的情勢中，你依然可以很平靜地告訴年紀較大的孩子，諸如：「你爸爸他可能還沒有意識到，作為一個父親有時必須要承擔的某些事情。但是，他在放假時偶爾帶你們出去玩這件事上做得很好」、「這個似乎就是他的限制，他能夠給你們A，但目前尚無法給你們B」、「我想，他自己就是匱乏的。當你很匱乏的時候，是無法給予他人太多的」、「很多時候，他可能只能想到他自己，無法顧及別人。這是很遺憾的事情，因為他會錯失許多人跟人之間互相給予和接受的那種交流和幸福」、「我想他盡力了」、「他有很多課題需要學習……我們每一個人都是」。

6-7 新伴侶與重組家庭

避免過快開啟新的關係

結束婚姻後，立即開展另一段新的關係，未必是明智的決定。當你過快開啟新戀情時，有很大成分仍是試圖「逃到愛情裡」、「用新的來取代舊的」，**愛情總能使人忘記問題是什麼，**只可惜問題從來不曾真正地消失。

這就好比，你原來已積欠銀行一定數額的債務與利息（你的未竟事物與課題），你不打算透過擴大收入來償還，反倒開辦了另一張信用卡做代償，短期內似乎所有債務問題全數解決了，然而一段時日過後，你會發現你不但得要支付原有那筆債務和利息，另外還得開始支付這筆信用卡代償更高昂的利息費用。新的戀情，很快也會開始出現問題，因為你進入關係時的狀態與動機，便是受傷的、對愛饑渴的、自尊受挫的、帶有極多「小我」的需求的，且多半是低意識的。

而原可用來穩定新生活、進行療癒、照顧自己與孩子的時間和心力，你將其運用在新的戀情上，甚至可能是短暫的戀曲一段接著一段……很自然地你將疏忽了對孩子與內在自我的照顧。

有意識地選擇獨身數年，也許會是對自己與孩子更具滋養性且穩健的方式。這幾年的豐碩、珍貴、趣味與深刻，其實是速食戀情難以比擬的。何時療癒趨近完成，何時你與孩子的關係和生活重拾安定與快樂，何時你開展並逐一完成了你始終在迴避的那些個人議題與此生使命……你學會了獨處、學會了愛自己、學會做自己的情人……你已生活在愛中，**無論有無伴侶，你與孩子都很快樂。而那時你會知道，你已準備完成。**

離婚後且有了新伴侶（特別是主責照顧孩子的這一方）

受限於篇幅，以下我僅很簡略地提及一些重點。當開始約會時，需要留心別讓孩子受到你的約會行為，以及認識猶不深的各式男人或女人的影響。而親愛的，你也需要**學會挑選，適合你且真正能夠尊重你的伴侶。**

新的關係，至少可分成兩個階段。第一個階段是成人們彼此認識與熟悉的時間，並經歷了關係的三階段轉換，從熱戀、較長的衝突時期、到最後的承諾期，熱情平緩下來而彼此確立都還想更進一步共同生活的時刻。這段期間，孩子都僅是偶爾參與，是外圍初步關係的建立而已（然而，若你的孩子不喜歡他，通常也會是一個需要留意的線索）。第二個階段，才是較為正式的，將這段關係納入你與孩子生活的一部分，協助孩子與對方、對方與孩子更好的具滋養性關係的建立。**讓孩子明瞭，這個新伴侶絕對不是要（實際上也無法）取代生父／母的位置，或者替代生父／母來愛他、照顧他，這只是另一個關懷他的成人**，從而建立一個合理而實際的期待與互動。

許多正在追求或熱戀中的男子／女子，會特別地去討好孩子，甚至撥出時間與其遊玩相處，有意無意間給予孩子某些期盼，年幼的孩子更是容易與對方建立情感連結。然而未能走至承諾期的戀情充滿變數。當交往一段時日，也許一年、兩年，成人因故分手後，這個男人／女人從此在孩子的生活裡消失了！在我的幾位年少的當事人身上，更是連道別都沒有，彷彿人間蒸發一般。這些孩子，於是再一次地受傷並感覺又被丟棄了，生命中重大的失落是一次又一次地疊加，有些孩子甚至感到對他人和自己的信賴蕩然無存，不再相信自己能夠持續被關愛，有人會願意留在他身旁。與此同時，處於失戀傷痛中的父或母，有的全然未曾留意到孩子的失落，有的雖有所察卻已無力處理。

此外，**別讓新的伴侶成為孩子的競爭者**。孩子與你的關係，是無可取代的。**無論在什麼樣的階段，都要留下足夠的「你與孩子相處的單獨時光」**。用時間和行動來證明（而非禮物與零用錢），任何新加入的朋友都無法動搖、遑論取代你與孩子的關係，也不會減損他所能夠獨享的愛與陪伴。

請記得，你是孩子的主要管教者，這是不變的。避免讓新伴侶取代了你的教養位置，一方面由於新伴侶與孩子的關係原就較不穩固且欠缺厚實的情感基礎，若關係中的愛與滋養不夠，同時在該位成人尚未能獲得孩子充分的尊重與忠誠之前，管教都是困難的，不宜過快開啟；另一方面若你退居其後，當你必須支持新伴侶的管教時，卻很容易讓孩子覺得，你不再與他在同一國了，你們兩個聯合起來對付他，這個家沒有人了解與支持他。孩子會逐漸地往後退，與你日漸疏離，可能的話甚至早早離家，退出你與新伴侶幸福的聯合陣線，這是很可惜的。成人之間的親密幸福非但未能將孩子納入，使其有機會浸潤同時也學習到良好的兩性互動，卻是推遠排拒了孩子。因而，始終由你來主責對孩子的教養，是對三方都較有利的。即便數年後孩子與新伴侶或繼父／母的關係已逐漸培養起來，你仍是孩子所需遵守的規範的主要定奪者，繼父／母的規定，永遠是額外的次規定。

也請留意到，你在新伴侶與孩子之間，主動為其「搭建橋樑」的重要性。重組家庭中，生母／父這種「居間協調」的角色其實比一般婚姻存續家庭更為重要。你需要有獨立的立場，而非總是依附在新伴侶之下，形成上述將孩子排除在外的同盟。你還需要傳遞雙方需求，維繫並促進雙方的情感。當雙方爆發衝突時，你不能退居一旁觀望，而是得積極挺身處理，多數時候先是擋在孩子身前（由於孩子通常會是相對荏弱、因應資源不足的一方），或者先傾聽了解孩子的感受／想法／需要，繼而再與相對成熟的伴侶協調、溝通。直到多年後，孩子與新伴侶深刻的情誼與信任逐漸建立起來後，才視情況放手讓其自行調解。

重組／再婚家庭的新挑戰與議題

這是更複雜的議題了。重組家庭不是如一般所想像的如此簡單，只要繼父／母與孩子處得好即可。其至少包含了四個要角，「繼父／母」、「你」、「孩子」與「生父／母」，這四個環節當中若有一個出了問題、不很和諧，都將大幅影響到第二段婚姻的存續與品質。而我猶未提及，另一邊的「繼母／父」，以及同母異父、同父異母、或異父異母的那些兄弟姊妹們。

新婚夫妻的利益經常與孩子的利益交相衝突，前者需要較多的隱私，以及滿足成人玩樂與親密共處的時間；後者在此時則格外害怕失去原所擁有的，因而往往要求更多的關注與陪伴。故而**「平衡」是重要的，如何公平地分配時間，永遠留有「專屬的孩子時光」，同時也有「專屬的成人時光」，兩者的分際是清楚的，且彼此尊重**。此外，也需要保有家中每一個成員充分表達感受與意見的機會，以及確保每一位成員都被傾聽、了解，並確實感受到對待的公平。

孩子另一邊的生父或生母，對新家庭的影響亦是深遠的。若其百般阻撓孩子與繼父／母發展關係，甚或與其競爭孩子的情感，則這個孩子在接受新成員與適應新的家庭生活上，將會格外地衝突與困難。若生父／母較為成熟且能真誠為孩子考量，亦能明瞭到，「繼父母永遠無法取代孩子心目中生父／母的地位與情感」，無論其感情多好都一樣，從而鼓勵孩子好好地與對方相處、培養情誼，則這樣的孩子明顯能有較好的適應，同時有機會從數位真心關懷的成人當中獲益良多。

6-8 所有這一切的關鍵：自我療癒，與成為整全的你

「沒有比未能活出自己的父母對孩子影響更大的。」

～榮格

獨立教養孩子，嘗試與前伴侶形成良好的夥伴關係，建立幸福的新形式家庭，和諧美滿的新關係及重組家庭，這些都是有可能的。在下列幾個重要前提之下：

第一，徹底處理你對前伴侶的情感糾葛與關係中的未竟事物。不讓這些未解決的情緒蔓延到與孩子相關的決定上頭。第二，療癒你內在的傷痛，特別是你與父母之間的關係與傷痕。你可以從關注你的情緒開始。第三，務實地去認識有關孩子的發展、天生氣質、教養等相關知識。你不需要是完美的父母、不會犯錯，犯錯很自然，只要你能夠意識到這些錯誤，有意願慢慢地修正調整即可。第四，從前離婚時期開始，留意本章所提及的幾個面向，你便能夠很好地關照且保護到你的孩子。第五，**致力於成為「整全的你」**。這是非常關鍵的。勇敢地去活出你自己，擁抱最低層的自我，接納並愛自己本然的樣貌，認出你內在的獨特與完整，繼而均衡地發展你的男性與女性面向。你與孩子至少是同等重要的，只有能夠活出自己的父母，才能夠放手給予孩子同樣的愛與自由。

我再怎麼強調這些前提的重要性與必要性都不為過，這是所有圓滿新形式家庭的「必要條件」。

最後呢，有一個好消息要分享給你，親愛的。**通常你的孩子最需要從你身上得到的事物，最需要你轉而去支持他的那些部分，對你同樣有極大的助益，那也就是，你最需要為自己發展的能力與特質，你此生「對自己」最欠缺的關注之一**。好比你的孩子最需要你更有耐性、給予他充分的探索與嬉戲的空間，你內在的孩子也有不被你認識、不允許嬉戲的困擾與渴求。你的孩子需要你能更敏銳覺察到他的情緒與狀態，與他調頻至一致，你內在孩子的感受也經常被你忽略、不被聽到遑論靠近。又或者，你的孩子需要你清楚地訂定規範與堅定執行，那也會是你內在的孩子最渴求於你的，在你的人我關係裡設定界線，堅定執行。

你感到最有困難給予孩子的，往往正是最能滋養你自己的！這除了是你個人的「課題」之外，也經常就是你是否能夠獲致美好關係的關鍵。因而，學習去發展這些特質與能力，不僅僅是為了孩子，更是為了自己。

註1：我把它叫做「情緒空間」，也就是允許自己或對方經驗並表達情緒的那個空間，而這是需要為自己、伴侶與孩子創造的。此外，在表達自身感受時，每個人都需要學習以不批判、不指責、適切擔負自身責任的方式傳達你的情緒，如此這個「情緒空間」便是健康的。

註2：有些人會在關係裡透過傷害自己的方式來威脅、操縱、試圖影響他人，好比激起對方的罪惡感

使其遂自己所願等等。

註3：好比大吼大叫、辱罵、批判、指責、輕蔑的言語、貶抑對方的人格、負氣説離婚或以離婚為要脅、爆發肢體衝突等。

註4：對於後面兩種情形，倘若你選擇停留在這樣的婚姻中二十年，並且未能採取有效且必要的處理時，你如何能夠期待事情有所不同？此刻你所面臨的「果」，都是你先前所栽種下來的「因」，好比你在婚姻裡被對待的方式、孩子與你的關係。若你真想要有所不同，就得從這一刻開始，學習去種下不同的「因」。你若仍沿用過去的方式，那也僅是持續種下同樣的「因」而已。